Jam

言いにくいことはっきり言うにゃん

仕事の悩み 解決編

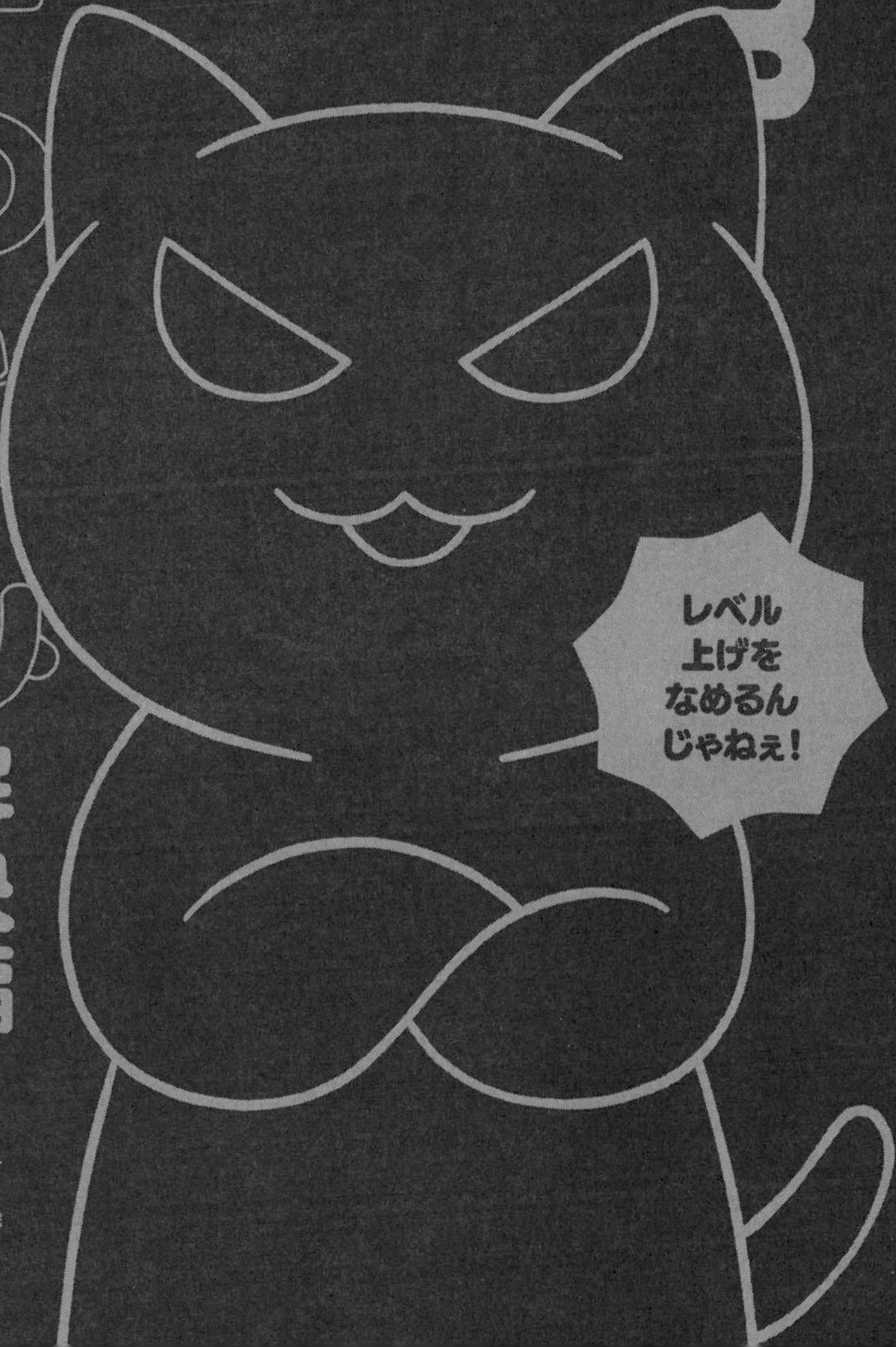
レベル上げをなめるんじゃねぇ!

笠間書院

新人の悩み

毎日がしんどい…
ハァ…
新人ってつらいよね…
わかるわ～嫌な上司に逆らえないし…
ファイト～
早く出世して見返してやればいいよ
まぁ…新人だろうが中堅だろうが…
フッ…
つらいことはあるけどな…

中堅の悩み

毎日同じような仕事を続けて飽きちゃった
ハァ…
転職や独立した人たちって生き生きしてる気がしない？
確かにフリーランスなら今より自由にできるかもな〜…
そうだね…
でも…会社を辞めたら辞めたで…
モヤッ…
また別の悩みができるんじゃないかな…？

フリーランスの悩み

は〜…会社員の頃は楽だったよな…
フー…
フリーランスまじつれ〜
わかるー税務署の申告とか全部会社がやってくれたよね〜
やっぱり会社員って安定感があるのよね〜
会社員の頃は会社が一番つらいから…
イラッ…
辞めたい辞めたいって言ってたくせに…

子供の頃って早く大人になりたいって思わなかった？
思った！門限がないとかお金を自由に使えるとか…
でも今はたまに子供の頃に戻りたくなる…
大人になったら誰も守ってくれないから…
もう少ししたら「新人に戻りたい」…って思うかもな
あっ…

ダイエット法を変えれば痩せると思ったことがない？
そうね～…うまくいかないと他の方法に目移りするわね…
でも、結局何をやっても続けなければ一緒なのよ…
ホホホ
私はそれくらいちゃんと気づいているわよ…！
だよな～♪仕事もそうだよな
ぐっ…

お前はいつも他人の方が楽に見えるだけだ
ズバッ
俺だけ直球かよ!
言いにくいことはっきり言うなぁ…
ボソッ…
そりゃあ少しはそう思うけど…
言いにくいよな…
でも…自分以外の誰かに言ってほしかっただろ?
言いにくいことはっきり言うなぁ!!

はじめに

もしも色で例えるなら…
今までの人生で私を助けて支えてくれた人たちは黒が似合う人でした。
そんな厳しくも優しい身近な人たちに教わったことを書いた1冊目に続き、2冊目の黒い本を出す機会を頂きました。今回も案内人は黒い猫です。

はじめまして、Ｊａｍと申します。
この度は拙著をお手に取って頂きありがとうございます。

前回の本では、甘やかすだけではなく、相手のためを思う厳しさの中にも優しさはあるということを軸に、仕事、友情、恋愛、自分の悩みについて書かせて頂きましたが、この本では、まるごと一冊「お仕事について」だけをテーマにしています。

長い人生の中で、大抵の方は、一度は仕事に携わることと思います。

仕事と関係がないような子供時代にも、人は仕事について考えます。将来なりたいもの、叶えたい夢、それは芸能人になることだったかもしれないし、パイロットやケーキ屋さん、今ならユーチューバーやゲームクリエイターになることかもしれません。

あなたの夢はなんでしたか？

私の幼い頃の夢は「絵描き」になることでした。はじめはざっくりと「絵描き」でしたが、画家とか漫画家とか、年代によって具体的にやりたいことは変わっていきました。お気づきかもしれませんが、画家、漫画家、パイロットやケーキ屋さん、これらはすべて〝職種〟です。大人になると「子供の頃は仕事のことを考えずに済んでよかった」なんて思いますが、実際はこんなにも、子供の頃から仕事について考えていたのですから、びっくりです。

子供の頃にやりたかった仕事が大人になると夢や憧れに変わってしまうのは、その仕事に就くのが難しかったり、あまりお金を稼げない仕事だったり、事情は色々あると思いますが、何らかの理由で、その仕事に就くことを諦めてしまう人が多いからでしょう。「やりたくないこと」が仕事だと言う人もいます。実際はどんな仕事を選んでも仕事は仕事です。やりたい仕事もやりたくない仕事も、世の中に沢山ある職種の一つでしかありません。何を選んでもストレスは溜まるし、悩むことだってあります。

好きな仕事に就くというのは、一見楽しいことをしているように見えて、ダメージやプレッシャーがとても大きいです。仕事がつらくても、それを諦めてしまうと、幼い頃からの夢や憧れも一緒に手放すことになるので、無理をして続けて心身を壊してしまったり、人生の目的を失ってしまう人もいます。

また、仕事を始めた新人の頃は、「今が一番つらい」と感じるかもしれませんが、偉くなったら偉くなったで、やはりつらいことは沢山あります。子供から見て大人を、大人から見て子供を羨ましく思うのと一緒です。

ただ、それぞれの時代で良い思い出があったように、仕事の中でも楽しいことや嬉しいことは沢山あるし、何か問題が起きても、幼い頃に友達と喧嘩をして仲直りしたように、乗り越えることができます。

仕事は生きる上で切り離せないものの一つです。できることなら楽しく、人生を振り回すものではなく、役立つものにしていきたいです。

この本では、私の経験を元に、会社での新人時代、中堅時代、そしてフリーランスになってからの悩みについてを書かせて頂きました。詳しくは本文中で触れておりますが、私は16年会社勤めをした後にフリーランスになりました。現在はフリーランス13年目です。会社員とフリーランスの双方の立場から、お話しできる話もあると思います。

この本を手に取ってくれた方にとって、少しでもお役に立てる一冊となれたら嬉しいです。

言いにくいことはっきり言うにゃん
仕事の悩み
解決編

Chapter 02

Chapter 02

ダークにゃん

Chapter 03

フリーランスの悩み

Chapter
01

新人時代の悩み

夢は諦めなきゃだめ？

moyamoya.NO 01

いい歳なのにまだ夢を追ってるの？就職しなよ
就職したらずっと安泰って保証できんの？
え？
夢を追えばいつかは叶うと言い切れる？
それは…
どっちにしても賭けだから
好きにすりゃあいーんだよ

もしも夢や理想が叶うなら…叶えたいですよね。子供の頃は誰にでも言えた夢も、大人になると素直に言えなくなったりします。誰かに一度はこんなセリフを言われたことがあるのではないでしょうか？

「いつまでも夢を見てないで、現実を見なさい」
「ある程度の年齢になったら、夢は諦めなさい」
「好きなことを仕事にできる人は、一握りだけ」

夢を諦めろという人は沢山います。でも、どうしてこんなに人の夢を止めたがるのでしょう？　その質問をすると、大抵返ってくる言葉が、「あなたのことが心配だから」。

誰かの心配をするとき、自分が過去に失敗をしていたり、つらい思いをしたからということが多いです。でも、ちょっと待ってください。もしそうであるなら、夢を止める人は、自分は過去に夢にチャレンジしたことがあるということになります。結果、うまくいかなかった。自分がうまくいかなかったからといって、他人も失敗すると決めつけてしまうのはいかがなものでしょう？　また、自分は一度も試してないのに夢を止めたがる人もいます。その場合の理由は「それが普通だから」ということが多いです。確かに、それが本当に危険なことなら試したことがなくても止めるのが正解です。「高い所から飛び降りたら怪我をする」などなら、試さなくても危険なことは明白です。しかし、夢や憧れはそんなに危険でしょうか？　失敗や挫折というのは日常の中にだってあります。就職した会社がブラック企業だったり、入社した後でリストラされることだってあります。また、自分は夢を叶えたけれど人には勧めないという人もいます。その人はよほどの苦労をしたか、夢を叶えても望んだ結果には辿り着けなかったのかもしれません。だって、もし自分が夢を叶えて満足しているなら、人の夢や憧れを止める理由がありません。

　夢を諦めた方がいい人生を歩めるわけではないんです。同じように、夢を追った方がいい人生を歩める保証もありません。どちらの道に進んでも、どのような結果に辿り着くかは誰にもわからないのです。

　ちなみに、物心ついた頃からの私の夢は「絵描きになること」でした。しかし、就職活動の際に、「好きなことを仕事にできる人は一握りだけ」という言葉に負けて、就職部の紹介で受けた会社で内定を取りました。でも紆《う》余《よ》曲折あって、その会社は入社前に断ってしまいました。今思うと、何故そんな思い切ったことができたのか不思議です。でもそのときは「ここに勤めたら一生後悔する」と、妙な勇気が湧いてしまったのです。その後どうしたかというと、就職部に頼るのをやめて、求人雑誌の正社員募集からゲーム会社を受けて就職しました。大変だったけど、夢に少しでも近づく仕事に就くことができました。その会社で16年間お世話になりました。今でもあの選択は間違っていなかったと思います。はじめて自分を縛っていた常識やルールを壊して、自分で進む道を決められたのですから。

私は、夢や理想は、自分が諦めたいと思う日までは、追い続けていいと思います。リスクが怖いなら、就職して金銭的余裕を確保しながら機会を狙ってもいいし、夢に近い仕事に就いて本来の目標に近づいていくのも一つの方法です。私が今の仕事を本業にできたのは40代後半です。運もありましたが、夢を完全に諦めていたら「一握りだから」「いい歳だから」と、チャンスが来ても掴まなかったと思います。

どんな仕事を選んでも先のことはわかりません。だからこそ、自分の進む道は自分で選んだ方がいいと思います。

憧れの仕事に就いたのに

moyamoya.NO 02

なかなか理想通りにはいかないな…
どうした?
ずっと夢見ていた仕事に就いたけど…
実力差がありすぎる
思ってたよりつらいし周りはすごい人ばっかりで…
さっさと諦めちゃえよ
えええっ!?
お前の夢の主人公はお前だろ?
周りと比べるより…自分ができることを頑張ろう…!!
人と比べるのは無意味だって諦めろ

せっかく憧れの仕事に就いたのに、いざ始めてみたら思っていたのと違った、つらい仕事だった、厳しい環境だった、そういう話をよく聞きます。私にも経験があります。苦労してゲーム会社に入ったのに、入社1週間もしない内に「理想と現実のギャップ」に打ちのめされました。会社に入って初日に思ったことは「場違い」でした。学生時代までは絵をもてはやされることもあり、「自分はもしかして絵がうまい方なんじゃ？」と多少の驕《おご》りもあったのですが、プロの世界では全くの役立たずで、「この会社で一番絵が下手な人間は自分なのでは…」と、落ち込むこともありました。周りの人がサラッと描けるものが何日かけても描けなくて、担当を変えられたこともあります。

だからこそなのですが、早い内に諦めがついてしまいました。夢を諦めたのではなく、「人と比べるのは無意味だ」と諦めました。もう、傷つくのがもったいないくらいに実力が別次元だったので。自分の夢は「絵描きになること」でしたから、一番大事なのは誰かと比べて優れていることではなく、絵を描き続けることです。この会社で絵を描き続けるためには、どうすればいいかを考えることにしました。

誰もがやりたがるような人気職というのは、競争率も高いし、またすぐに打ちのめされて自信を失い、振り出しに戻ってしまいます。会社に残るために必要なのは「仕事で必要とされること」です。だから、「いつも足りない役は何か？」を考えることにしました。私が出した結論は「スピードと汎用性のある人」でした。忙しい時期にどこへ行ってもそれなりに対応できてスピードが速い人がいたら、重宝されるのではないかと思いました。本当に大事な所はスター選手が描けばいい。センスや才能というのは努力でなかなか補えませんが、使えるツールを増やしたり、対応できる作業を増やしたり、スピードを上げるというのは、努力でなんとかなるものです。ただし、汎用性を取るということは、オンリーワンにはなれません。ゲーム会社では普通はずっと同じ部署で熟練していく人が多いのですが、私は部署を転々とすることになりました。でも、沢山の部署に関わったことで色々な絵柄の絵を描く機会ができたし、それは後に会社を辞めて、フリーランスになってからの自分を助けてくれました。おかげで色々な業種の仕事を受けることができたし、過去に仕事で関わった人たちが起業したりもしていたので、そこから仕事を貰うことができました。一つのチームに16年いたら、この人脈は得られなかったと思います。

会社に入ってから理想と現実のギャップに苦しんだり、思っていたのと違ったということはあるかもしれません。それで本当に嫌だと思ったら、早めに転職するのもありだと思います。でも、もしその会社で長く仕事を続けていきたいなら、諦めたり落ち込んだりする前に、限られた条件の中でもできることを探したり、今は経験値を積むつもりで、少し長い目で見て行動するのもありだと思います。変な言い方ですが、お金を貰いながら経験を積めると思うと、どんな仕事でも無駄はありません。

私は、理想と現実のギャップは必ずあると思ってます。たとえ自分で起業した会社だとしても、すべてが意のままになるわけではないし、個人で活動する作家業などでも、なんでも好き勝手に書けるわけではありません。有名だろうと無名だろうと、何かしら理想とのずれは出てきます。何故なら、どんなことにも他人が関わるからです。仕事に対価や評価や共同作業が必要である限り、そこだけは逃れられません。そして、自分は変えられても、人を変えることは至難です。

だからまずは冷静に、現実をしっかりと受け入れて、その中で理想に向かってできることから始めていくのがいいと思います。少しずつ理想と現実のギャップも縮まっていくはずです。

自信が持てない

moyamoya.NO 03

新しい職場…周りが経験者ばかりでさ…
ハァ～…
自信なくすわ～…
自信が持てないのは
知っていることより知らないことが多いからだ
ゲームだって開始早々丸腰で敵とは戦わないだろ？
何も装備をつけてなかった…
GAME OVER
敵のレベルも見てなかった…
不安を減らす一番の方法は
一つでも沢山知ることだよ

新入社員のときって、今までと違う環境で経験のない仕事を始めるので、急に自信が持てなくなることがあります。新しい場所では0からのスタートで周りには熟練者もいるから、どうしても自分だけができないと感じるし、周囲との差を意識しすぎて落ち込んでしまうこともあると思います。

自信が持てない理由は色々ありますが、一番簡単な方法で不安を埋めるとしたら、とにかく少しでも多く「知る」ことです。新しい場所、新しい仕事、新しい人間関係、知らないことが多いほど不安になるし、知ったり馴染んだりすることで、不安は少しずつ消えていきます。能力的な面で評価をされるのは、多分もう少し先の話です。ある程度の時間をかけなければ、見る方もちゃんとした判断はできませんから。

だからまずは、これから戦うために何が必要かを「知る」ことです。ゲームだって開始直後の丸腰の状態じゃ、一番弱い敵にだってやられてしまいます。町の人から情報を集め、初期装備を手に入れて、そこではじめて戦いを始めることができます。最初は弱いのも自信が持てないのも当然です。経験を少しずつ積みあげれば、自信も少しずつ増えていきます。始まりはもっと気楽にいきましょう。

実力が足りない

moyamoya.NO 04

あ～…実力が足りない…!!
新人でも結果出してる人いるのに～!!
その仕事長いの？
入社したばかりのド新人だよ～
はじめから
一句できた
できると思うな
新人が
新人の内はできたらラッキー
天才なの？
できなくて当然くらいでいいんだよ

入社してはじめに悩むことの一つに、「実力不足」があります。でも、冷静に考えてみると、経験者じゃないんですから、実力は足りなくて当たり前です。中には才能があって、はじめから目立つ成果を上げていく人もいますが、よほどの自信家でなければ、その人もその人なりに「実力が足りない」と思って悩んでいるはずです。「あんなにできる人でも足りないと思っているんじゃ自分なんて…」とは思わないでください。

「実力が足りない」と焦る気持ちって、自分への期待値とのギャップの大きさなのだと思います。自分はもっとできると思っていたのにそれができていない。ちょっと自分を過大評価していたのかもしれません。だから始めたばかりの頃は、実力が足りないと感じても、あまり落ち込まなくていいんです。むしろ足りない部分に気づけるのはいいことです。今の自分に何ができて何ができないかがわかれば、レベルに合わせた努力や、苦手な部分を補うための課題に取り組むことができます。

実力って、そうやって少しずつ上げていくものです。はじめから漫画のヒーローのようになんでもできる人はいません。今、第一線で活躍している人の大半は、そこに至るまでに地道な努力を続けてきたのだと思います。

moyamoya.NO 05

会社でうまく喋れない

新しい会社でうまく会話ができなくて…
今みたいに普通に喋ればいいじゃん
それは付き合いが長いからだよ
ムリムリ
じゃあ時間が経てば話せるようになるんじゃね？
仕事だからそんなに時間をかける訳にも…
会話がうまい奴って誰とでもうまく話せるじゃん？
職場の奴らも喋るの苦手ってことだよ
お互い様だ

もし、あなたが喋るのが苦手で、喋れないのが仕事の場だけであるなら、それには何か理由があるはずです。日常で話が弾むのはどんな相手でしょう？　よく知った人や共通の趣味がある人、話題が多い人ではないでしょうか？　そう考えると、仕事でうまく喋れない相手というのは、お互いに対する理解が少なかったり、面識が浅く、仕事に関しての話題が続かない人たちかもしれません。

私が新人の頃にこんなことがありました。仕事に関するインタビューを受ける先輩二人と雑談をしていて、「このゲームのアピールポイントはどんなところだと思う？」と意見を求められたときに、私だけ素人のようなことを言ってしまい、それが面白かったようで、悪気なく笑われてしまったのです。私は自分の無知がとても恥ずかしくて、その後何年かは仕事に関する話題を振られるのが怖くなってしまいました。

会話が苦手であることを克服する一つの方法として、少しでも知識や共通の話題のストックを増やすのがいいと思います。時間が経てば面識はできますが、お互いを理解するためには会話が必要です。会話をするためには話題が必要で、その話題のためには知識が必要です。仕事の場で一番必要となるのは仕事に関する知識ですが、それは短時間では覚えられないし、何年もやってきた先輩たちにはすぐには追いつけません。でも、「仕事に役立つ知識」というのは日常の中にもあります。例えば私の仕事で言えば、漫画を沢山読んでいるとか、映画やアニメを沢山見ているとか、それだけで「この映画のこのシーンで使われていた、この効果がかっこいい」「あの漫画のキャラクターみたいなイメージの主人公がいい」と話題を膨らませることができます。

どんな仕事の場でも、その日のニュースや流行、時事的な話などは共通の話題になるのではないでしょうか？　スポーツやお酒の銘柄、美味しいお店や観光地など、ジャンルを問わず、知っていることが多ければ多いほど話の会う人が増えていくし、言葉に詰まったときの助けになります。

相手の勢いに押されて威圧感を感じて喋れないときも、知識は役に立ちます。何も知らなければ言われるがままですが、押し返す知識があればある程度の反撃ができます。平和的な解決方法を提案できるかもしれません。

その上で、はじめから会話をする気のない相手もいるということを知っておくのが大事です。悲しいけれど、マウントを取るのが目的だったり、相手が何を話しても聞く気がない人は少なからずいます。そういう人との会話が続かないことでストレスになったり、喋ることに苦手意識を持ってしまうのはもったいないです。その場合は自分を責めることだけはしないでください。どうしても話さなければいけないなら、必要最低限のことにしましょう。SNSなどをやっている方は心当たりがあると思いますが、会話が目的ではない相手は、反論や反応をするほど好ましくない形で絡んできます。そういう相手との会話は疲れます。できるだけ関わりを作らない方がいいし、少しずつでも距離を置いていかないと、振り回されてしまいます。

人と喋れないとき、ついつい自分を責めてしまいますが、喋りにくい雰囲気を作ってしまう相手の方も未熟だったりします。先輩と会話がしにくいのであれば、その先輩は後輩を育てるのにまだ慣れてないのかもしれません。同僚と会話がしにくいなら、相手も緊張しているのかもしれません。「自分だけができていない」と思わないことが大事です。

私の周りは喋ることを職業にしている方も多いのですが、そういう方たちは本当に話術が巧みで、私のように会話が苦手なタイプからも、うまく言葉を引き出してくれます。だから、会話が続かないときは「お互いに未熟なんだな」くらいに考えた方が気楽だと思います。

moyamoya.NO 06

周りと比べてしまう

ついつい周りと比べちゃう
あの人はタイピングが早いなぁ…
カタカタターン☆
あるある
同じ時期に入社した人と同じことができなくて…
できなくてもいいじゃん
え？
同じことができなくても
違うことができてりゃいいんだよ
料理できるのに後片づけ苦手な奴もいるじゃん？
キュッ
洗うだけならまかせろ!!
おおっ
足りないとこ補える奴の方が重宝されるぞ

自分と周りを比べて落ち込んだり、自信を失ってしまうことは多いです。特に新人の頃というのは、同じ時期に入社した同僚との差を感じやすいと思います。私もそうでした。ゲーム会社の同僚たちはセンスがよく技術も高くて、ときには同時に課題を出されて結果に落ち込んだこともあります。ただ、たまにアイディア重視のデザインでは採用されることもあり、周りと競合しない部分や、自分の得意分野を生かせるところではチャンスがあるかも？　と、視点を変えて頑張ろうと思いました。

同じような仕事をしていても、その仕事をするのはそれぞれ別の個人で、やり方は個性と同じくらい様々です。例えば一つの企画に取り組むにしても、データを元に相手を説得する人もいれば、0からのアイディア勝負という人もいるし、書面は苦手だけどトークでのプレゼンは得意という人もいます。誰かにとってのベストな方法が、他の誰かにとってもベストとは限りません。無理に合わせなくていいんです。

もし得意分野がわからないときは、日常の中にヒントがあるかもしれません。買い物を値段で選ぶか、質で選ぶか、デザインで選ぶか、比較して決めるのか直感で決めるのか、そういうなにげないところに「自分なら苦もなくできる」ことがあると思います。〝自分が〟得意なことを探してみてください。

心に壁を作ってしまう

moyamoya.NO 07

人との間に壁を作ってしまう…
どうすれば超えられるんだろう…
どんな壁だか知らねーけど
作ったのは自分だろ？
その壁はお前にしか
見えてねーから
高すぎるなら下げりゃあいいし
いつ壊してもいいんだよ

人との交流が苦手で心に壁を作ってしまったり、できないことを決めつけて、超えられない壁を作ってしまうことがあります。壁は本来は自分を守るために作ったものだと思います。でも多くの場合、職場ではその壁が自分を守ってくれることはなく、逆に居づらさを感じたり、ときには障壁になってしまいます。

人との間に壁を作ってしまうのは、相手に踏み込まれたくない部分や譲れない部分があるのだと思います。でも、誰も立ち入ることを許さず拒絶するというのは、実はかなり勇気がいることです。職場では、やはりある程度の交流は必須です。その勇気で人と話してみるのはどうでしょう？　また、自分の実力を決めつけて壁を作るのも、自分の能力や目標の難易度を把握していなければできないことです。自信を持って何かを否定するのにも、自信が必要です。その自信と分析力があれば、やれることが沢山あるのではないでしょうか？　チャレンジする価値はあると思います。

心の壁を作っているのは自分です。一度壁を作ると「今さら壊しても…」と思うかもしれません。でも、その壁は人からは見えません。かたくなにならず、いつ壊してもいいし高さを下げてもいいんです。変えられるのは自分だけです。

クビになったらどうしよう？

moyamoya.NO 08

せっかく希望の会社に入れたのに…
ハァ…
クビにならないか心配で…
大丈夫だよ まっとうな会社ほどクビにはしにくいから
でも…
クビになるのが怖いなら
クビになる覚悟でやれ
失うものがあるから怖いんだよ
確かに…

新人の頃って、周りは知らない人たちばかりだし、会社の中での立場も低いし、ままならないことが多いと思います。それが行きすぎると、「クビになったらどうしよう…」と毎日が不安になることもあるかもしれません。私はぶっちゃけてしまうと、入社して3年目くらいまでは、毎日「クビになったらどうしよう」と怯《おび》えていました。

だからこそ言えるのですが、会社は切りたくてもそう簡単に人を切れません。社員だけでなくアルバイトや契約社員でもです。このご時世、悪い噂はネットなどで簡単に広がります。正当な理由がなく一方的な解雇をすれば、企業イメージが下がるなど、リスクの方が大きいのです。言い方は悪いけれど、まっとうな会社ほど人をクビにするのは大変です。過去に私の身近でリストラや解雇があったのも、会社の経営が危ういなど、特殊な事情の場合や、辞めた方がいいようなブラック企業くらいでした。

そんなわけで、普通はいきなりクビになることはないので、心配しすぎない方がいいと思います。もしそれでも不安なときは、今までできなかったチャレンジをしてみるのはどうでしょう？「どうせクビになる」と思えば、色々試してからでも遅くはありません。それが功を奏したらラッキーです。

その仕事を続けますか？

moyamoya.NO 09

入社して1年…明日からはもう新人ではなくなる…
このまま続けるべきか転職するか…
辞めない方がいいよ無職になったらどうするの？
そうだね…
転職や独立をした方がうまくいく人もいるわよ
その可能性もあるか…
この中で言ったことの責任取れる奴はいるの？
ムリ
わー
ムリね

新人と呼ばれる期間が終わり、会社での仕事にも慣れてきた頃、このままこの会社で続けていくのか転職するのか、悩む日も来ると思います。どちらの道に進むとしても、冷静に今までの時間や行動を見つめ直してみてください。

転職するならば、何故そうしたいと思ったのかをよく考えてください。仕事が向いていなかったのか、人に馴染めなかったのか、ハラスメントがあったのか、ネガティブな理由で何かをやめるときは、ちゃんと原因と向き合わないと、別の場所でまた同じ失敗を繰り返すことになります。もっとやりたいことを見つけたなど前向きな理由であるにしても、辞める時期などは慎重になるべきです。

これからも会社に残って仕事を続けていくなら、自分の弱点や利点を見つめ直したり、目標を見直すことが大事です。厳しいことを言いますが、この先はもう「新人」ではありません。ゲームを遊ぶときもですが、戦う前に自分のパラメーターを確認して作戦を立てた方が、戦闘を有利に運ぶことができます。現実世界でも一緒です。ちゃんと自分のレベルを知った上で目標を立てた方が、失敗も少なくて済みます。

私はゲーム会社に在籍中、2度会社を辞めようと思う機会がありました。1度目はネガティブな理由からで、もしあのときに会社を辞めていたら、私はその後も色々なことから逃げてしまっていたと思います。2度目は、実際に退社する6年前のことでした。飼っている猫の老後の介護を考えて、5年後くらいには在宅勤務にしたいと思いました。また、その頃会社でやりたかった仕事のほとんどをやってしまったこともあり、他のことにチャレンジしたい気持ちもありました。しかし、ゲーム会社の仕事はとても片手間でできるものではなく、また、新たに好きなことを始めたくても、当時の会社は副業が禁止だったのです。そのとき、「退社しよう」と決意しました。

その後、独立後もしばらくは生活できるくらいの貯金や、家で仕事をするための知識や機材も必要だったので、退社までに6年かかりました。私がいたところはとてもいい会社だったので、今も名残惜しく思うことはありますが、あの日辞める決断をしなければ、こうして作家の仕事をするチャンスも訪れなかったので、2度目の辞める決意は正しかったのだと思います。

会社を辞めるか続けるかの話をすると、大抵の人は「辞めない方がいい」と言います。仕事を失えば生活することができませんし、年を取るほど転職というのは難しくなりますから、そうなるのも仕方がありません。でも、今は時代も変わってきています。昔のように会社員になれば年齢と共に昇級し給料が上がり、定年まで安定して働ける保証はありません。大きな会社でもリストラがあったり、合併や倒産をすることもあります。じゃあ転職や独立でその問題が解決するかといえば、今よりよくなる可能性もあれば、大失敗する可能性だってあります。

結局のところ、辞めるにしても続けるにしても、最後まで何が正しい道で正しい選択かはわからないのです。永続的な保証もできません。私もフリーランスになる際にはかなり止められました。今のところはうまくいってますが、1年先のことはわかりません。ただ、一つ言えることは、仮にこの先に失敗があるとしても、この道に進んだことに後悔はないということです。自分が決めた道なので。

どんな道に進むとしても、冷静に自分と向き合っていくことが大事です。道を決めるときは誰のためでもない、自分のために選んでください。未来に何が起こるかは、誰にも約束できないのですから。

Chapter 02

中堅時代の悩み

高すぎるプライドと低すぎるプライド

moyamoya.NO 10

あいつって プライド高そう じゃない？
ハーッ
ニャッ
わかる！
あの子プライド 低すぎて見ていて イライラして…
オロ
オロ
うんうん
プライドって 高すぎても 低すぎても…
ニャハハハ
感じ悪い よな～
他人にレッテル 貼ってる奴らが 一番感じ悪い けどな
ぐっ…

「プライド」ってやっかいです。高ければ高慢と言われるし、低ければ心配されるし、なければないで、やはり何か言われてしまう。

ちなみに私は、プライドはある程度あった方がいいと思っています。尊厳とか誇りとか、そういうものが減ってしまうと、とても荒《すさ》んだ世の中になりそうだからです。「プライドを捨てると楽になる」と言いますが、行きすぎているわけでなければ、自分自身を認めて生きやすくするために、多少のプライドは必要です。誇りを持つこともできず、自尊心を上げることもできない毎日って、どんどん自信をなくしていってしまうし本当につらいです。高すぎず低すぎず…中間くらいがいいのでしょうけど、それがなかなか難しい。

普段の生活や仕事の中で、「今、私はプライドが高いな…」「最近、プライドが低すぎやしないだろうか？」って、自分から気づくことは少ないのではないでしょうか？人に対して思うことの方が多いと思います。ああいうのって、言われてはじめて気づくことが多いんです。その上で、仕事の場では、プライドが高すぎると評価されるのも、低すぎると評価されるのも、あまりお得ではありません。

とても雑な言い方ですが、人から見て、プライドがあっても鼻につかなければいいのだと思います。そこだけクリアしておけばＯＫなんじゃないかと。

例えば、私は仕事でリーダーになる人には、相応の自信や誇りは持っていてほしいと感じます。そうでなければ「この人についていきたい」と思えないし、安心して自分の処遇を委ねられません。あまりにプライドが低いと、「何かの際に責任を取ってくれるのかしら？　部下を守ってくれるのかしら？」と、不安になりそうです。

そう思うと、仕事で地位の高い人は、多少はプライドが高めでもいい気がします。仲間を守るためには力強さや自信を持つことも必要です。傲慢になったり、ワンマンになりすぎると反感を買ってしまうので、匙加減は必要だと思います。

また、集団としてプライドを持つのは、とてもいいことだと思います。例えば、自分が参加しているプロジェクトに対してプライドを持つことで、仲間に対する信頼や尊敬が強くなるでしょう。自分もその一人として恥じない行いをしようという心がけは、プロジェクトを成功させる上でも、いい結果に繋がるはずです。

逆の場合も考えてみましょう。自分がいる集団に対してプライドを持てないときは、理由があるはずです。仲間に対する信頼や尊敬も薄かったり、自信や誇りを持つことができない状況であったり。そんな職場だと、そこに居るだけで疑心暗鬼になりそうです。そうなると、あまりいい結果は望めないと思います。

正直なところ、悟りでも開いていない限り、みんなそれなりのプライドを持って生きていると思います。だから、気に病むほど真剣に自分のプライドについて悩んだり、人からの視線や言葉を気にしすぎることはないです。

世の中には、嫉妬の対象に対して「あの人はプライドが高いから」と悪口を言う人もいるし、大人しいだけで「あいつはプライドが低くて、見ているだけでイライラする」と、いじめっこのようなことを言う人もいます。何もしなくても誰かの鼻につくことはあるんです。気にしすぎてもきりがありません。

プライドって形として見えるもんじゃありませんし、できるだけ、人に対しても自分に対しても寛容でありたいです。人に対して望むプライドは願望で、自分が持つべきプライドは心がけくらいのつもりで、仕事に使えそうなときには、うまいこと利用していけばいいと思います。

「話しかけにくい」は妄想

moyamoya.NO 11

人に話しかけるのが苦手で…
しゅん…
忙しそうな人に話しかけたら怒られそうだし…
話題が合わなかったら嫌われそうで…
いい解決方法があるぞ
それはお前の妄想だから
まずは一度話してこい

実際に話したことがないのに、話しにくいと感じる相手がいるなら、それは自分が想像や憶測で相手の印象を作ってしまったせいかもしれません。だって、話したことがないのに話しかけにくいって、そういうことです。直接は相手のことを何も知らないのですから。「いつも忙しそう」「話が合わないかも」「見た目が怖い」、理由は色々あると思いますが、外見や伝聞では本当のその人はわかりません。

もちろん、関わらない方がいい人や、注意した方がいい人というのはいます。悪い噂が絶えない人などは警戒も必要でしょう。でも、そういったケースではないなら、話しかけにくい理由はシンプルで、話しかけたときに返ってくる反応が怖いだけだと思います。好きな子に話しかけづらいみたいなものです。どんな返しがくるか不安になって、頭の中で何度もその人をイメージして、自分の中のその人と会話をして、どんどん本当のその人とは離れたイメージ像を作ってしまう。

話す前からイメージを決めつけてしまうのはもったいないです。話してみたらすごく気が合う人かもしれないし、本当に想像したイメージ通りなら、それはそれで話しかける前と何も変わりません。まずは一度、話してみるのがいいと思います。

「空いている席」を探せ！

moyamoya.NO 12

職場で必要とされる人になりたい…
ハー…
簡単だよ
空いてる席を探せ！
どんな仕事でも人手が足りないところってあるだろ？
えー…でも面倒なのは嫌だなぁ
面倒なこともやってくれるような奴が
感謝されるし必要とされるんだよ

職場で必要とされるにはどうすればいいのでしょう？　圧倒的な才能や能力があるならそれが一番ですが、なかなかそうはいきません。少し前のページでも書きましたが、私は「職場で生き残るためにどうしよう？」と考えたとき、まずは「職場で必要とされる人」がどんな人なのかを考えました。特別な才能がなくても必要とされる人…。それは、「今、人手が足りない仕事をしてくれる人」だと思いました。

ゲーム会社で言えば、「雑誌にメインで絵が載るような、誰もが憧れる花形」以外の仕事をする人です。正直なところ、メインの仕事に就ける人は本当に一握りです。つまり、圧倒的に多いのはそれ以外の仕事をする人です。中心から離れるほどやりたい人が減って、イヤイヤやる人が増えていきます。また、繁忙期も人手は足りなくなります。そういうときは、いくら人数がいても困りません。だから狙い目は、そういった人が足りないポジションです。まずは長い目で見て、「空いている席」を探すわけです。

職場で足りない人ってどんな人でしょう？　前にも少し触れましたが、私が選んだのは「スピードと汎用性」でした。急ぎの仕事のときや締め切り直前に、作業スピードの早い人がいればとても助かります。すべての作業に対応できなくても、一部分だけでも時短できるというのは、忙しいときにはかなりのメリットです。汎用性も対応できる作業が多ければ、手が足りないところに入れるので、分担作業が必要なときに役立ちます。

職業により人手が足りない部分は違うと思いますが、おそらくそういった仕事はどんな職場でもあるはずです。大抵は地味で面倒で目立たない作業です。特別な才能もいらないし、時間をかければ努力で補えるものです。でも、「今、これをやってくれる人がいればいいのに…」と思ったとき、「それをやるよ」って人がいたら、一緒に仕事をしたいと思いませんか？

可能であれば、「空席」はできるだけ自分が苦にならないことから探すのがいいと思います。やりたくないことをずっとやっていたら気持ちが疲れてしまうし、いつかはつらくなります。例えば、料理を作るという作業の中には「作る」ことも「後片付け」もありますが、「作るのが好き」な人もいれば、「作るのは苦手」という人もいます。また、「作るのは好きだけど後片付けが面倒」という人もいれば、「後片付けは苦にならない」人もいます。苦にならないことって、そういった日常の中にヒントがあったりします。

突然ですが、私はよく「デザイナーの仕事を続けるにはどうすればいいですか？」という質問を受けます。その答えは、何を言ってるんだ？　と思うかもしれませんが、とにかく「続けること」なんです。何があっても続けること。ずば抜けた才能があっても、辞めてしまう人は結構多いんです。途中でやめなかった人が、ずっとその仕事を続けられる人なんです。

仕事って、続けていけば信頼が生まれます。何かを安心して任せられる人とは、この先もまた一緒に仕事をしたいと感じます。長く一緒に仕事をすれば、お互いを知る機会が増えて、自分の夢や本当にやりたかった仕事のことを話すこともあるかもしれません。チャンスが回ってくるのって、そういうときが多いんです。言い方は悪いですが、よくわからない人より、信頼できる人にチャンスを振りたいと思うのが人としての心情です。

職場で必要とされる方法を見つけるって、夢を追い続けたい人にとっても、長い目で見れば役に立つことだと思います。まずは「空席」を探してみてください。

moyamoya.NO 13

自己評価は低くてOK

自己評価を上げたい…
低くてもいいじゃん？
自己評価が低いとよくないって言われて…
高すぎて問題起こしてる奴もいるぞ？
自己評価が高い奴が結果を出せば有言実行だけど
口だけ番長!!
失敗すれば自信過剰と叩かれる…
自己評価が低いから努力で結果を出す奴もいる
あなたって謙虚なのね…
気にすることねーよ

自己評価が低いことを気にする人がいますが、私はあまり気にしなくてもいいと思います。自己評価が低いのが問題だと言われるのは、それによって自信をなくしてチャンスをつかめなかったり、心が疲れてしまったり、デメリットが生じることがあるからです。それと同じように、自己評価が高い人は、プライドが高く人を見下す傾向があったり、根拠のない自信を持ってしまったり、そういった部分がデメリットになると言われています。

心理的なエラーとして、能力が低い人ほど自信があり、能力が高い人ほど自分の能力を疑う現象もあります。そうなると、せっかく自己評価が低いことで能力の高かった人が、自己評価を上げることで自分の能力を過信して疑わなくなり、今までのような研さんを怠り、仕事の成果を下げることもあるかもしれません。また、自己評価が高かった人が、自己評価を下げて悪い結果を迎えてしまうことだってあると思います。

それじゃあどうすればいいのか？　高くても低くてもだめ、中間くらいが丁度いいのだろうけど、その境界も曖昧です。それに、自己評価が高い低いに関係なく、仕事ができる人が結局は評価されます。全員が全員、自己評価が仕事や生活に直結しているわけではありません。自己評価が高い人が成果を出せば有言実行と言われるだろうし、自己評価が低い人が結果を出せば謙虚な人だと言われます。

自分を正しく評価できればメンタルが安定しやすいだろうし、仕事では管理する側も楽だとは思いますが、人間はそんなにきっちりとケースに当てはまる生き物ではありません。自己評価により、必ず想定されるメリットとデメリットが生じるとは言えないのです。

私としては、そういったもっともらしいレッテルを貼られることで、本来のその人のスタイルを捻《ね》じ曲げてしまう方が心配です。折角持っていた自信を「もう少し自己評価を下げた方がいい」と言われて失ってしまったり、自信がないからこそ努力を重ねて結果を出してきた人が、「自己評価を上げないとチャンスを逃しますよ」なんて言われて、天狗になって努力を怠ってしまったら、それは、自己評価を変えてよかったと言えるのでしょうか？

みずから今の自分を変えたいと願って、そのための努力をするのはいいと思います。

実際に自己評価が低くて苦しい思いをしていたり、自己評価が高すぎて痛い目をみてきたなど、そういう場合であるなら、自己評価を変えるためのノウハウは、その人に役に立つことと思います。

雑な言い方をしますが、自己評価って、性格がそれぞれ違うくらいパターン化するのが難しいし、大雑把だと思います。環境や人間関係によっても自己評価は変わります。居心地のいい場所では臆さずに能力を発揮できた人が、メンバーに一人苦手な人が加わっただけで、緊張や不安から自分の力を発揮できなくなったりします。自己評価は本人の能力と関係なしに、簡単に上げたり下げたりもできてしまうんです。

だから、自己評価が高い低いはそこまで気にしなくていいと思います。仕事では配属された部署や人間関係など、運で変わることもあります。私たちは常にメリットとデメリットだけで生きているわけではありません。無理に自分を変えたくないと思うなら、変えなくたっていいんです。機械じゃないんですから、まずは自分の気持ちを優先して、自分にあったやり方でいきましょう。

「コミュ障」でもできること

moyamoya.NO 14

コミュ障
だからさ…
人に教わるの
ちょっと苦手
なんだよね…
そういう
ときは…
見て盗め！
見よう見まねで
できる部分も
あるだろ？
じーーっ‥
聞きたいことを
減らせれば
会話も減らせる
コミュ障は
すぐには治ら
ないから…
会話を
減らす方法を
考えようぜ

コミュニケーションを取るのが苦手だと、仕事では不便を感じることも多いと思います。質問がうまく言葉にできなかったり、相手も忙しいからと気を遣ってしまったり。それに仕事の場では、ときにはライバルになることもあるわけで、あれもこれもすべて教えてくれとは言えません。その中で教わったのが「見て盗む」でした。

とにかく観察して、どうやればできるかを考えて、自分に応用してみる。「盗む」と言うと聞こえが悪いけれど、要は相手と同じことができるように、相手を徹底的に観察して努力することです。その上で、どうしてもわからないところだけを人に聞く。それだけでもコミュニケーションを取る機会は大分減らせるし、何もせずになんでも聞けばいいという姿勢より、努力の跡が見えた方が、相手も快く教えてくれます。

「こうすればコミュ障は治る！」と言えれば一番簡単なのですが、そもそも誰もが人と交流したいと心から思っているわけではないし、会話さえできれば仕事の問題がすべて解決するわけでもありません。また、職場での交流は最低限にしたい人だっています。それならコミュニケーションが苦手なままでも、仕事をしやすくする方法を考えた方がいいです。まずは、見て盗んでみてください。

「一緒に仕事をしたい人」になる

moyamoya.NO 15

一緒に仕事したい人ってどんな人？
ん～…
そうねえ…
尊敬できる人とか…？
納期を守る奴かな
助けてくれる人♥
じゃあ一緒に仕事をしたくない奴はその逆の奴だな
ニャハハハ
それくらい子供でもわかるよ～
子供でもわかることが…
うっ…
できない大人が多いよな

一緒に仕事をしたいのはどんな人でしょう？

ライバルとしてモチベーションを上げてくれる人、丁度いい塩梅で仕事をサポートしてくれる人、尊敬する人とも一緒に仕事がしたいと思うでしょう。締切を守って仕事を安心して任せられる人もいいです。今書いたのは、私が一緒に仕事をしたいタイプですが、もし仕事で末長く良好な人間関係を築きたいなら、「どんな人と仕事がしたい？」と言われたときに思い描いた「一緒に仕事をしたい人」になることを、目標にするのがいいと思います。


逆のことも言えます。一緒に仕事をしたくないと思うのはどんな人でしょう？

陰口や悪口を言う人、人の足を引っ張る人、無責任な人、色々出てくると思います。多分、今思い浮かんだことをやらないように心がければ、職場でトラブルを起こすことも少ないと思います。子供の頃の話ですが、「自分がやられて嫌なことは人にやったらだめよ」って教わりました。人にやってほしいことは、まず自分からやる。そんなこと、言われなくてもわかってますよね。でも、そういうことが大人になると結構できません。子供の頃の自分が大人に教わったことですから、大人になった今の自分にも通ずる大事なことなんだと思います。

moyamoya.NO 16

モチベーションを使い分ける

仕事でモチベーション上げるのが難しくて…
別に無理に上げなくてもよくね？
いやいや…高い方がいいでしょ？
まじめにやらんと…
高い方が仕事ができるってならそうだけど…
やる気だけあっても…
うっ…
やる気のない天才に負けることもある
仕事に一番必要な心構えは…
どんな状態のときも仕事ができることだよ

仕事にモチベーションが必要かというと、私はあればいいけどなくてもいいと思ってます。不真面目だと言われそうですが、趣味や好きなことでもなければ、年がら年中高いモチベーションを維持し続けるのは難しいし、よほど天職に就いた人でもなければ、仕事って生活のためという人の方が多いと思うんです。

仕事に必要なことは何かというと、どんな状態のときでも、やるべき仕事をちゃんとこなすことです。ものすごく高いモチベーションで頑張っても、片手間でそつなくこなす人に負けてしまうことはあります。社会の評価の基準が結果である限り、仕事にモチベーションが持てなくても、気にしすぎる必要はありません。

別に不真面目でいいとか、やる気のある人を馬鹿にしているわけではありません。よくある「やる気のない奴は辞めろ」みたいな根性論で心を痛めてほしくないんです。私などはワーカホリックと言われるくらい仕事が好きな人間です。でもそれって少数派だと思います。仕事へのモチベーションを持ってやりたい人がそうすればいいだけです。家族との時間や本当にやりたいことなど、モチベーションは自分が一番大事なことに対して持っていればいいと思います。

moyamoya.NO 17

嫌な仕事は「新スキル」獲得のチャンス

この仕事興味がないんだよね…
そんなにうまくできるのに？
できる仕事とやりたい仕事は違うじゃん？
天才かよ
やりたくなくても金になる仕事があるって才能だぞ
そうなの？
えっ…!?

仕事をしていると、やりたくない仕事や興味のない仕事を振られて嫌になることもあると思います。でもそういう仕事って、新しいスキルを獲得するチャンスかもしれません。何故なら、人はやりたくないことや興味のないことを自分から試そうとは思わないからです。しかし、自分の中のまだ知らない才能って、あまりやったことがないことの中に潜んでいるものです。だって、やりたいことは今までも沢山やってきてると思いますから。才能発掘のために自腹でそれを試すのは時間もお金ももったいないけれど、仕事でそれができるなら、お金を貰って新しいことを試す絶好のチャンスです。

私の話になりますが、今のような本を出す前は、漫画以外は描く気がありませんでした。1冊目の本を出す際に、文章部分を他の作家さんに頼むか自分で書くかどっちがいい？　と聞かれて、じゃあ試しに書いてみますと。結果、文章もいけるのではないかと言って頂き、それがきっかけで今のように漫画も文章も両方描くスタイルになりました。それまでは絵を描く仕事以外はやってこなかったので、まさか本1冊分も文章を書こうなんて思いもしませんでした。文字を沢山書くのは面倒臭くて疲れそうだから、興味もありませんでした。今も、文章と漫画どちらが好き？　と聞かれたら、漫画だけ描いていたいし、そっちの方が楽しいです（笑）。でも、漫画で伝えやすいこともあれば、文章の方が伝えやすいこともあると、気づくきっかけを頂きました。だから今も必要なこととして、漫画と文章の両方を書いてます。

人生って、そのときは興味がなかったことにも、まったく意味がないとは言えないんです。何がいい結果に繋がるかわかりません。一度くらいは試して、それで嫌だったら、次からその仕事をしなければいいだけです。チャンスや転機はどこに潜んでいるかわかりません。

でも、会社の仕事だと、実際にやってみたけど興味を持てなくて、それでもまたやらなくてはいけないときがあると思います。そういう仕事に意味がないかというと、やっぱり意味はあると思うんです。

会社ではよほど向いてないと判断されない限り、同じ仕事が何度も来ます。悪く言うと、あまりに向いていなければ、その仕事がやりたいことであっても二度と回ってこなかったり、部署を変えられたり、左遷されてしまうこともあります。会社としては結果が欲しいので、成果に対してはかなりシビアです。

そう思うと、やりたくないし興味もないのにこなせる仕事があるって…すごいことなんです。自分にとってはどうでもいいのに、会社に必要とされるくらいできちゃうんですから。嬉しくはないかもしれないけれど、才能があると思います。その仕事がやりたくて仕方がない人からすれば、嫉妬されるレベルです。そういう仕事が一つでも見つかるのは、かなりラッキーなんです。だって、モチベーションが下がろうと気がのらなかろうと、確実にお金になる仕事があるんですから。本当に才能があることって、あまり努力しなくてもそつなくできるものです。それを仕事で見つけられるのは、とても運がいいんです。そういう仕事は生きる上で、あっても損じゃありません。

そんなわけで、どんな仕事でも無駄になることはないから、やる価値はあると思います。仕事をすればお金が貰えます。お金があれば生活に余裕もできるし、好きなことにも使えます。「こんな仕事やってられるか！」と会社を辞めたいときにも、新しい仕事が見つかるまでは生活費だって必要です。

やりたくない仕事、興味のない仕事、可能なら一度くらいはやってみてください。運がよければ、自分の生活をずっと助けてくれるような、まだ気づいてない才能と出会えるかもしれません。

「やりたいこと」が見つからない？

moyamoya.NO 18

自分が何をやりたいのかわからない…
やりたくないことなら山ほどあるんだけどね…
ハァ…
じゃあさ…
やりたくないことを少しずつやめていけば？
え？
最後に残ったのがやりたいことかもよ？
なるほど…

仕事で「やりたいことがわからない」という悩みをよく聞きます。それって無理に探さなければいけないものでしょうか？

正直なところ、やりたいことって探すものというよりは、気づいたときには自分の中に「在る」ものです。友達に似ています。「友達がいないのはよくない」って、意識して作った友達と、気づけば何年もつるんでいる友達、本当に欲しかった友達は後者の方だと思います。仕事で「やりたいことがわからない」人は、「やりたいことがないとダメなんだ！」って思うまでは、それについて悩むことはなかっただろうし、「新たに探すこと」に囚《とら》われすぎていませんか？

やりたいことは、自然と思い立つまでは、無理に探さなくていいと思います。それでも探したいなら、やりたくないことや違和感を感じたことを除外していった方が早いです。ある日ふっと「やりたいことしかしてないな」って思えたら、その中から厳選した方が見つけやすいかもしれません。私は「やりたいこと探し」に縛られない方がいいと思います。人生は明日終わるかもわかりません。無理に悩みをつくるより、その日一日を楽しく過ごせた方がいいです。

moyamoya.NO 19

「間に合わない」は減らせるかも

いつも仕事が遅くて…
ハァ…
料理番組って既に下準備ができた皿があるだろ?
スッ
こちらが3分寝かせた生地です
準備次第で作業工程を減らせるものはない?
これ資料になりそう…
カチ
カチ
暇だから書類の雛形作っとこう
仕事も料理も下準備次第で
時短できるぞ

スケジュール管理って大変ですよね。私は仕事の締切だけはそれなりに守る方なので、よく「どうすればスケジュール内に仕事が間に合うのか」と聞かれます。

まずは、スケジュールをよく見える所に張り出して…と言いたいところですが、この悩みを抱える人は、多分そういう意味で言っているのではなくて、予定はわかっているのだけど、その時間内に仕事を終わらせることができなくて悩んでいるのだと思います。でも、残念ながら、魔法のように言葉一つで仕事がパッと終わる方法はありません。やっぱり多少の努力は必要です。

一番いいのはスピードを上げたり、仕事の分量を見たときにかかる時間を計算できることですが、そういうのは身につくまでに時間がかかります。なので、今からでもすぐに使える方法が、下準備をすることです。例えば書類を作る仕事なら、0から表を作ったりレイアウトしたりするより、普段からある程度のパターンを想定して下地を作っておけばその手間が省けます。自家製でもいいし、ネットでフリー素材を探してもいいです。仕事で使うツールをカスタマイズしておくのもいいと思います。予測と下準備で、作業工程が一つでも二つでも減れば、スピードは上がります。

才能や熟練度は急には用意できませんが、時短のための下準備は努力でなんとかなるものです。色々試してみてください。

仕事を円滑に進めるには？

moyamoya.NO 20

先輩に目をつけられやすくて…
あの〜…この書類…
あぁっ？
人間関係のトラブルを避ける一番の方法は…
悪目立ちしないことだ
はじめと終わりとか…
なんでいつも終業間際に……
イラッ…
印象に残るタイミングで失態を重ねると目立ちやすい
よくも悪くも狙われるのは
目立つ奴だ

先輩に目をつけられたり、同僚とうまくいかなかったり。仕事を円滑に進めるためには、できるだけそういったこととは無縁でいたいものです。少しずるい方法かもしれませんが、仕事で他人とトラブルを起こさないようにする一番の方法は、悪目立ちしないことです。

簡単なところでいうと、自信がないことに関しては最初に手を挙げない。最後に答えない。よく知らないことに真っ先に手を挙げて無知を晒さなくても、一歩譲って少し様子を見たっていいんです。我先にと手を挙げて成果を残せなかったら、口先ばかりと期待外れのレッテルを貼られるかもしれません。最初と最後に聞いた言葉というのは記憶に残りやすいので、開始と締めで失敗すると悪い印象が残ります。わざわざそのタイミングを選んで目立つことはありません。裏を返せば、ものすごく自信があるなら、そういうタイミングを選んで印象を残すのもいいと思います。

後はありきたりなことですが、大勢の前で相手に恥をかかせたりマウントを取ったり、そういうことをすればめちゃくちゃ恨まれますし、次は自分が矛先を向けられるかも…と、まわりの人も警戒するでしょう。

他人とのトラブルは「どう関わるか」によって生まれます。仕事を円滑に進めたいなら、できるだけ悪目立ちせず、波風を立てずにいくのがいいと思います。

いい上司の魔法と、悪い上司の呪い

moyamoya.NO 21

いい上司と悪い上司って見分けられる?
俺の場合は…
叱ってくれる上司はいい奴が多かったな
オカンみたいな
え?
優しそうな上司に限ってやばい奴が多かった
いい奴もいたけど
え?
育てる気がある奴ほどちゃんと叱ってくれたし
あっさり見捨てる奴ほど当たり障りなくニコニコしてた

いい上司と悪い上司、会社に入ってどちらに当たるかは運もありますが、私が今までの経験の中でいい上司と思った人たちは、ちゃんと褒めるときは褒めて、叱るときは叱ってくれる人でした。

仕事で叱るというと、何事⁉ と思うかもしれません。例えば、無理なスケジュールを立てないと終わらない仕事を受けようとしたとき、「本当に一人で終わる?」とストレートで圧のあるツッコミをされました。「これは見透かされてる…」と、叱られるの怖さに徹夜が必要なことを白状したら、「仕事を舐めるな」ばりのキツいことを言われて、一瞬体温が下がったと感じるくらいヒヤッとしました。

でも、その後で、無理をして体を壊せば結局はチームの迷惑になること、仕事のために徹夜したり休む時間まで犠牲にしてはいけないこと、全部一人でやろうとしなくていいことなどを諭されて、「わざとキツい言い方で脅かすのは、恨まれることも覚悟の上で、こういう仕事の仕方をしてはいけないと、教えてくれているのだな…」と気づきました。

私もですが、技術職で好きなことを仕事にしている人って、偉くなればなるほど好きなものが作れるようになるので、平気で無茶をするんです。自分をアピールしたい気持ちが人一倍強いし、取れる仕事は全部取りたい。でも、それで心身を病んでリタイアしてしまう人がとても多いんです。

いい上司は、言うことは厳しいけれど、失敗したときは必ず「責任は上司にあるから」という姿勢で矢面に立ってくれました。一度いきがって責任を取りたいと言ったのですが、「君に責任が取れると思うな。そのために君より高い給料で雇われているんだから」と、また叱られました（苦笑）。

ちなみにこの上司には、フリーランスになってから仕事を貰ったときも叱られました。安い値段で仕事を受けようとしたら、「君はこの値段で本当に生活できるのか？」と。自分が雇う側だから値切っておけばいいのに、「対価に合わない仕事はするな、やりなおし！」と、請求書を突き返されて。結局、3倍くらいの価格で仕事をさせてくれました。今も部下や後輩として育ててくれているのだなぁと、ありがたく感じると同時に、私も心配かけないようにしっかりしなきゃと反省しました。

いい上司って少し世話焼きだったり、あれこれうるさかったりと、オカンのようなところがあるのですが、それって、「これからも一緒に仕事をしていこう」と思ってくれているからだと思います。普通は嫌われたり恨まれたりすることは、あまり言いたいもんじゃありません。だからだと思いますが、いい上司とは独立した今も縁が続いています。当時の同僚たちも縁が続いていて、今も第一線で活躍されております。

そして、この人は悪い上司かも…？　と思った人ですが、意外かもしれませんが、優しい雰囲気の人でした。怒られた記憶もほとんどありません。でも、いざというときにかなりバッサリと切られました。責任も部下のせいという感じで。おそらく、よくも悪くも他人だったのだと思います。誰にも嫌われたくないから優しい顔をしていたのかもしれません。でも、実力主義で会社の人とつるむのが苦手な人には、うってつけの上司かもしれません。ちなみに、やっぱり同僚からの人気もなくて、今どうしているかを知っている人がほとんどいません。辞めた後も差が出るな…と、少し寂しく感じました。

私から見たいい上司と悪い上司について書きましたが、人によってはこの評価も逆転すると思います。仲間として認めて、育ててくれる上司がいい人もいるだろうし、成果主義でドライな方がいい人もいるだろうし。結局のところ、どんな人がいい上司か、悪い上司かはその人次第です。

仕事の評価が上がらない

moyamoya.NO 22

なんか自信なくしちゃって…
ズーン…
仕事以外で何か始めてみなよ
場所が変われば
評価も変わる！
会社がすべてと思うと逃げ場がないんだよ
〜社内〜
あ〜……もうだめだ……
会社の評価がすべてじゃないと知った方がいいぞ
わ〜すごいね〜
えっ⁉
〜社外〜

もしも仕事で伸び悩んで自信をなくしそうなときは、職場以外の場所で何かを始めてみるのがおススメです。副業禁止の会社も多いでしょうから、仕事とは別に趣味や習い事でもいいです。大事なのは、「仕事から離れた場所に居場所を作る」ことです。

仕事で伸び悩むのは、おそらくは評価が上がらず昇進できなかったり、目に見えて「これ以上は上にいけない」と感じたときではないでしょうか？　頑張っても頑張っても何も変わらない。そういう状態が続くと、ますます空回りしてしまいます。

以前、仕事仲間が社内での評価が上がらず、「自分はだめな人間だ」と、ひどく落ち込んでしまったことがありました。とても才能のある人なのですが、その会社の仕事はあまり向いてなかったんです。でも、会社の外に交流の場がなかったので、会社内での評価がすべてみたいに思い込んでしまっていました。

ずっと一つの場所で似たような評価だけを受け続けていると、それが自分のすべてだと感じ、その枠を超えることができなくなってしまいます。なので、仕事から離れた場所にも居場所を作ってみてください。出会う人、出会う場所の数だけ、自分の中にも可能性があります。

moyamoya.NO 23

スキルアップは1日にしてならず

どうすればスキルアップするんだろ…
チャチャッと上がる方法ないのかな…
簡単にパッとできます系の動画とか本とかあるよな
あるある何かいいの知らない？
レベル上げを
なめるんじゃねぇ
ド○クエだってはじめはスラ○ムなんだよ！
ゴゴゴ…
いきなりボス戦いけると思うなよ

「どうすればスキルアップできますか!?」、こんな質問を受けることがあります。私自身、人様に教えられるほどのスキルを持ち合わせていないので、あくまで持論ではありますが、スキルを上げる一番簡単な方法は、とにかく数をこなすことです。

例えば、私は漫画を描くのが仕事ですが、人を描くのが本当に苦手なので、連載を持ってからも1日に1枚でも1カットでも、描く練習を続けるようにしています。面白くはないし、正直、もうしんどいからやめたいと思う日もありますが、才能で持ち合わせていないものを埋めるには、数をこなして経験を積んでいくしかないと思うんです。すばらしい教本に出会えたとしても、それを見ただけではスキルは上がりません。方法を知った上で行動しないと実になりません。

ゲームだって、攻略本で効率的な戦い方や、この先進むべきルートがわかっていたとしても、結局は地道なレベル上げが必要です。ザコ戦はつまらないからすぐにボスと戦いたいかもしれませんが、何もしなければザコにも勝てません。経験を沢山積んでも、「積みすぎて損した」ってことは滅多にありませんから、可能な限り数をこなして経験を積んでいくのが、スキルアップの近道だと思います。

「黒歴史」をつくらない

moyamoya.NO 24

はぁ～… あんな仕事 やるんじゃ なかった…
どうした？
いまだに 過去の失敗が 気になって…
気にする ことねーよ
過去が あるから
今がある
黒歴史のある 漫画家だって…
そのとき 描いた絵が 今の画力の礎に なってんだよ

仕事をしていて割と大事だと思うのが、後悔するような仕事はしない方がいいということです。別に経歴として華々しさのある仕事以外はするなというわけではありません。ものすごい下っ端がやるような雑務や、失敗してしまったプロジェクト、もし今成功している人なら、そういった過去についてはあまり触れられたくないと思います。でも、その時々にちゃんと誇りをもって真剣にやってきたことであれば、堂々としていいと思うんです。

例えばお金のために選んでしまった自分らしくない仕事が過去にあって、あまり人には知られたくないとします。勿論、一生誰にも言わなくていいし、そういうのを暴く人はろくなもんではありませんから、仮にバレてしまって何かを言われても、気にする必要はありません。でも、その仕事をしたことで「やらなきゃよかった」という思いを引きずると、それは自分の弱点の一つになります。

そのときを生き抜くために必要な仕事だったなら、それがあったからこそ、今があると言えます。どんな仕事であろうと、恥じる必要も後悔する必要もありません。そういう意味で、後悔しない仕事をするのがいいと思います。

「話し下手」の戦い方

moyamoya.NO 25

会議で自分が喋る番が来ると…
うまく話す自信がなくて…
そういうときは…
隙を見せろ
何か一言ツッコめる余裕を残しておくんだよ
冬を代表する商品として肉まん等…
おでんもメジャーだよ
うまくいけば周りが勝手に広げてくれる
ピザまんもあるよね
あんまんも入れるべき
ラーメンが鉄板でしょ

話すのが苦手だけど、自分を上手にアピールしたいし自分の流れを作りたい。私もいつもそう思います。自分の流れを作る…までうまくいくかはわかりませんが、カリスマ性やトークスキルがなくても、自分の出した企画を通したり、覚えていてもらうための工夫はできると思います。

これは私の方法なのですが、まず自分が喋る時間を極力減らしたいので、「資料を見てください」「次のページを見てください」くらいの言葉で進めていけるように、資料がメインになるプレゼンを考えるようにしています。

絵や図を沢山使って、タイトルも統一感が出るように装飾して、文字も小さくなりすぎないように注意して、文字でびっしりページを埋めないようにします。要点を大文字や色文字などで強調して、一つの項目がページをまたがないように、1ページで完結するのがベストです。

書類って文字がびっしりだとそれだけで気が滅入るし、パッと見で読みにくくなります。そういう書類はあまりちゃんと読んで貰えません。契約書を隅々まで読むのが苦痛なのと同じです。会議でそういう書類を出すと、下手したら「要点だけまとめて言ってくれる？」なんて、その場で解説トークを求められてしまいます。

パッと見で読みやすい資料のいい点は、実際の内容が小難しくても、「簡単そう」に見えることです。だらだらと枚数が多くなると逆効果ですが、サクサクと読み進められる企画書って、なんとなくその企画を実現しやすいように感じます。読んだ方が早いと感じる書類を作るだけで、喋る場面も大分減らせます。

書類の内容ですが、私は「言いたくなる書類」を心がけています。資料を読んだときに、ちょっと自分の意見も言いたくなるような感じです。自分の代わりに、読んだ人に喋ってもらうんです。話題というのは誰かが喋れば膨らむものです。

例えば、「レジ前で冬場に販売する温かい食べ物」をプレゼンするとします。「肉まん、あんまん、チーズまん、から揚げ、ｅｔｃ．…」みたいに思いつく限りの例えを全部は書かないで、見た人が「おでんもいいよね」って意見を言える隙を残しておきます。聞いただけのことより、自分が考えて意見を言ったものの方が印象に残るし、独りよがりの企画になる心配も減らせます。うまくいけば「あのとき、俺がおでんって言ったやつね！」みたいに、企画にアイディアを加えた人にも功績ができますし、そのおかげで企画が通れば発案者としては願ったりです。「言いたくなる」資料のもう一つのメリットは、自分が話す側ではなく、答える側に回れることです。自分が司会進行で0から何かを話して間を持たせるのは大変ですが、質問に答えるだけなら少し気楽じゃありませんか？　既に用意した答えで収まるものであれば尚更気楽だと思います。話すのが苦手な人って、自分から話しかけたり、話が途切れないようにしたり、急な質問に答えたりするのが苦手だと思うんです。なので、その辺りに先手を打っておけば、よほど予想外のことを聞かれない限り、楽な気持ちでその場をしのげると思います。

まったく喋らないとか、突然饒舌《じょうぜつ》になるとか、そういうのはあまり現実的ではありませんが、喋る機会を減らす方法なら考えればまだまだあると思います。勿論、できることなら喋れた方がいいので、喋る練習はした方がいいです。ただ、今すぐできなくても焦らずに、うまく喋れるようになるまでは喋ることに囚われすぎず、まずはあまり喋らなくても済む方法で時間を稼ぐのはどうでしょう？　要は自分をアピールできて仕事がうまく回ればいいのですから。

できなければいけないと思うと、緊張でますます喋れなくなるものです。ときには逃げたり工夫したりして、少しずつ喋れるようになっていくのがいいと思います。

moyamoya.NO 26

謙虚にアピールしたい

謙虚にアピールした〜い
アピールしたい時点で謙虚じゃねーだろ?
謙虚にできるだけ角を立てずに
直訳!!
アピールしたい俺のことを売り込みたい
じゃあ…まず先に相手に協力してやれよ…
応援してくれた奴には協力したくなるもんだろ?
なるほど…恩を売る作戦か〜♪
メモメモ
こいつに協力するのやめよう…

自分のやりたいことを謙虚にアピールするにはどうすればいいですか？　そんな質問をされました。一見控えめにつつましく、素直にへりくだった態度で、でも、やりたいことはちゃんと伝えたい。ただアピールって、訴えかけたり働きかけたり売り込んだりと、どうしても謙虚さとは離れた行動です。

なので、まずは自分がアピールする前に、相手のやりたいことを聞いてみるのはどうでしょう？　その上で、自分が相手のためにできることがあったら先に協力しましょう。信頼していない相手にアピールをされると、話を聞くのも従うのも抵抗を感じます。でも、自分を応援してくれた人にはできるだけ力を貸してあげたくなるものです。後は夢や憧れとして、普段から自分のやりたいことを伝えてみるのもいいと思います。チャンスがあれば協力してくれるかもしれません。ただ夢を語るだけなら、謙虚な姿勢のままでもできます。

謙虚と思われたいとき、大抵は謙虚な心を見失っています。自分の中にずるい部分もあると割り切って、「できるだけ角を立てずに、やりたいことを伝えたい」くらいに考えた方が、色々な方法が見えてくると思います。

仕事に爪痕を残す

moyamoya.NO 27

仕事押しつけられてばっかりで…
フー…
もう断ろうかな…
受けてもいいけど
爪痕を残せ
爪痕…?
イタそう…
誰がやったかわかるような仕事をしろってこと
ズルい奴ほど人をよく見ている…
ひいいい
証拠が残らない奴が狙われるんだよ

もしも仕事を押しつけられたら。私はよほど無茶な仕事でなければ、受けてしまってもいいと思います。ただ、「爪痕」をしっかり残しましょう。

どんな仕事でも、その人なりの「やり方」の個性が出ます。手書きの時代ほど痕跡は残せませんが、文章一つにしても癖はあるし、資料のまとめ方だって人それぞれです。そういった細部を見てくれている人は結構いるものです。そして個性が強い人には仕事は押しつけにくいんです。押しつけたのがバレちゃうから。

そのためには、普段の仕事から個性を出すことを意識しておくといいと思います。できるだけ「誰がやったかわかっちゃう」ような仕事をしましょう。書類ならフォントやレイアウト、グラフや図形の描き方や文章で個性が出せるし、資料に挟む付箋も選べます。ホチキスに何を使うか？　針なしタイプなど種類も色々あります。穴はあけずにクリップを使う人もいます。小さなところにも沢山個性は残せます。

仕事を押しつける人もまた、意外と細部を見ているものです。断らなさそうな人や、代打を頼んでもバレなさそうな人を狙っている分、観察力があります。なので、自分の爪痕はガンガン残していきましょう。

moyamoya.NO 28

もしも仕事を選べるなら

もしも仕事を選べるなら…
どんな仕事がいいと思う?
私は好きな仕事がいいな♪
ん〜…
休みて〜
俺は休みが多い仕事〜
自分を傷つけない仕事かな…
相変わらず気弱ねえ…
傷ついて心を病んだら職種に関係なく詰むから…
ゾッ…

もしも選べるとしたら、どんな仕事を選べばいいのでしょうか？　月並みですが、できるだけ後悔のない仕事を選ぶのがいいと思います。

全力を出せる仕事や好きな仕事はおススメです。好きなことをしていると生きがいを感じますし、あまり疲れません。人間関係が良好な仕事もいいと思います。ストレスを感じない仕事は貴重です。一日の終わりに今日も楽しかったと思える仕事や、毎日を平穏に過ごせる仕事。休日を楽しんだり、落ち着いて家でくつろぐ余裕がある仕事。家族や友達との時間を大切にできる仕事もいいと思います。

選んではいけない仕事があるとしたら、それは自分を傷つけてしまう仕事です。人間は一度傷つくとなかなか元に戻れません。下手すると、もう仕事を選ぶこともできなくなってしまいます。そういった後悔をしそうな仕事は避けた方がいいし、逃げられる内に逃げた方がいいと思います。

仕事のために生きている人も、生きるために仕事をしている人も、まずは生きてこそです。生きがいを感じたり、健康に長く続けられる仕事がおススメです。

この仕事向いてないかも？

moyamoya.NO 29

この仕事向いてないのかなー…
ハア…
評価されないし飽きちゃったし転職した方が…
ちゃんと評価されたらその仕事を続けたい？
ん〜…
他に飽きずにやれそうな仕事はある？
ん〜…
何に向いてないのかわかるまでは
何かを変えることもリスクだぞ

「この仕事向いてないかも？」と思うとき、おそらく大半の人は今の仕事に飽きたか、評価されないことに疲れたか、他にやりたいことができたのでしょう。
　他にやりたいことができたなら、そのために転職するのもありですが、今の仕事に飽きてしまったり、評価されないと感じるときは、まずは冷静に原因を考えた方がいいと思います。

　例えば飽きてしまった場合ですが、何に飽きたかにより対処も変わってくると思います。ずっと同じ仕事をするのに飽きてしまったのか？　この場所では成長が見込めないなど、そこに居ることに飽きてしまったのか？　変化を求める人は変化がないこともストレスになります。同じ仕事の繰り返しに飽きたなら、部署や業種の変更ができないか相談をしてみるのもいいし、場合によっては転職もありだと思います。新しい職場で自分を生かせる仕事や環境と出会えるかもしれません。

　でも、ただ飽きっぽい性格であるなどなら、どこへ行ってもまた仕事を変えたくなる可能性があります。あまり仕事を転々とすれば採用する側も不審に思うし、そんなことを繰り返せば、いつかは転職できる会社も限られてきます。今の仕事が向いてないのではなく、一つのことを続けるのに向いてない場合は、まずは今いる場所で、もう少し続ける努力をしてみてください。

評価されないことに疲れてしまった場合は、評価さえされれば今の仕事を続けたいのか？　ということと、また、評価されない理由についても考える必要があります。上司に原因がある場合は、上司が変われば解決する問題かもしれません。他に相談できる上司がいるなら、無理に辞めたりしなくても解決方法はあるはずです。それが難しいときは、正しい評価をしてくれる会社を探すのもいいと思います。

自分の能力に問題がある場合は、できればもう少し、今の仕事を頑張った方がいいでしょう。厳しい話ですが、中途採用での転職は即戦力として高い能力を求められることが多いので、今の職場に残るよりも大変です。だから転職するにしても、ちゃんと次に行く場所が決まってから、今の会社を辞めるのがいいと思います。

他にやりたいことを見つけてしまったときは、これはあくまで個人的な気持ちですが、やりたいことをやってください。1日が終わる度に、人生で使える時間が1日減ります。やりたいことを始めるなら1日でも若いときの方がいいです。その場合でも、今の仕事を続けながらではできないことか？　などは考えた方がいいと思います。それくらい、仕事を辞めるということは、リスクの方が大きいです。

自分に向いてない仕事について考えるとき、自分を変えるか仕事を変えるかの選択が必要になってきます。仕事を辞めてもう一度別の仕事を探すって、とんでもない労力を使うし、今までと違う環境に飛び込むときは準備も必要です。だからまずはその環境の中で、何が向いてないと思うのかをよく考えて、できることは試して、転職などの選択は最後の手段にした方がいいでしょう。

変な話、向いてないのかな？　と思うくらいのときは、まだちょっと余裕があります。心身を壊してしまったり、不当な賃金で働かされていたり、他にどうしてもやりたいことができてしまったとかでないなら、無理に急いで状況を変えなくてもいいです。仕事を変えても自分が変わらなければ何も変わりません。覚悟で自分を変えられるなら、今いる場所であっても状況は変えられます。何かに向いてないと感じるときは、自分の中の現状に対する不満や、本当にやりたいことに気づくチャンスのときでもあります。まずはそれを見つけてみてください。

「低評価」は大したダメージではない

moyamoya.NO 30

あ～…私はなんてだめなんだ…
このままじゃいつか大きな損害を出して会社をクビに…
大丈夫だよ
ウウ…
簡単に言うなぁ…
本当に仕事ができない奴のところに
ピシッ
大きな仕事は来ないから
大きな損害を出せるのは…
きっぱり
仕事のできる奴だけだ

仕事の評価が上がらないと、ついネガティブなことを考えてしまうものです。「自分はだめだ…」と思い始めると、どんどん気持ちが落ちていってしまいます。やる気があるのに、ものすごく仕事が好きなのに、頑張っているのに、それでも評価が上がらないときは、自分を責める前にまずは環境を疑ってください。よほどその仕事が向いていないのでなければ、上司に嫌われている、会社の評価基準がおかしいなど、原因は外部にあるかもしれません。

ところで、働いている人って、仕事が大好きで仕事中心で生きている…という人ばかりではないと思います。生活のためや、他にやりたいことがあってそのためにお金が必要だから働いている、そういう人も多いのではないでしょうか？　その上で、出世した方が給料も上がるしできれば偉くなりたい、学校で成績が悪いと周りの目が気になるように、業績が悪いと居心地が悪くて気になってしまう、だから仕事の評価が気になってしまうし、いい評価が欲しい。

極論ですが、私は、その会社のトップを狙うくらい大出世したいとか、どうしてもやりたいことがあるとか、そういうわけでなければ、低評価は大したダメージじゃないと思っています。勿論、会社が傾いていてリストラ対象にされてしまうとか、そういった場合であれば多少の焦りも必要ですが、普通に働いていれば、不当な解雇は法律で禁止されていますので、そうそうクビになることはありません。いつだったか、会社の経営が傾いて大規模リストラをした会社の社員たちが「社名は書けませんが…」と一斉にＳＮＳに書いたことで、話題になって拡散され、結局社名がばれて世論の反感を買う…ということがありました。それくらい不当な解雇をすると、会社にとってはダメージが大きいです。ある程度の役職までなら、年齢と共に上がっていく会社もありますし、給与が入社時より下がっていくケースは少ないです。その場合、焦って出世のために業績を残すことより、どれだけ健康に長く仕事を続けられるかの方が大事です。毎日普通に働いて相応の給料を貰えるなら、深刻に悩みを抱えてしまうほど気にすることはないと思うのです。会社はお金のために働く場所と割り切って、休日や休暇、終業後の時間を有意義に過ごした方がいいと思います。

　それでも、普段からミスが多くて、そのうちに仕事で大きなミスを犯すんじゃないか…なんて心配になる日もあると思います。でも、それもそこまで心配することはありません。何故なら、会社も損失を出すわけにはいかないので、本当に評価が低い人には、会社にとってリスクになるような大きな仕事が回ってくることは滅多にないからです。そういう意味では、悩むほどの低評価であれば、会社に損害を与えるような致命的なミスも犯す心配がないんです。

　むしろ会社に損害を出せる人って、よほど重要なポジションの人です。漫画などでは「大きな仕事のミスを上司に押しつけられてクビにされ…」なんて話もありますが、そんなに大きな損害を出せば、ミスしたのが部下だとしても、むしろ管理責任者である上司が責任を問われます。言い方は悪いですが、下っ端一人解雇したくらいじゃ取引先に対して面子《メンツ》も立ちません。それで部下だけクビになるような会社なら、長く勤めてもろくなことがないので、早い内にこちらから辞めてしまった方がいいです。

　会社の在り方としてそれが良いか悪いかは別として、給料がそこまで高いわけでもない社員であれば、ある程度のミスを黙認して雇い続けた方が、会社としてメリットの方が大きいです。低評価はできれば払拭したいところですが、少しチャレンジをしても会社に与える損害が少ないなど、評価が低い内だからこそできることもあります。よほどの野心があるわけでないなら、評価に対してあまり深刻になりすぎず、今はその立場を優位に使おうくらいの気持ちでいいと思います。

職場で口撃されたら？

moyamoya.NO 31

お局様に理不尽に叱られた…
何もしてないのに…
ぐす…
ほっとけほっとけ
泣き寝入りしろっていうの？
キッ
顔見知りだとかまっちゃうけどさ…
もし、外でそんな風に絡まれたらどうする？
そりゃあ…逃げるわよ
一歩外に出たらやばい奴に
かまうな

もしも職場で批判や否定をされてしまったら…。それが仕事に対しての正当な〝意見〟だと感じたときは、つらいけど、受け入れた方がいいと思います。真っ当な意見や忠告というのは相手に悪意はないし、結局は自分のためになります。だから「自分のために必要だった」と思って、次に生かせばいいんです。

でも、もし理不尽な批判や否定であったなら。そのときは、相手を否定も肯定もせず、根拠のない批判や否定だけは、毅然とした態度で訂正するのがいいでしょう。

会社で人を批判したり否定する人を、あなたは好きでしょうか？　その人は周りから好かれているでしょうか？　嫌われているまでいかないにしても、大抵は面倒な人や、関わりたくない人と思われていませんか？　否定も肯定もしない、事実に反することは否定する。これってＳＮＳで絡んできた人への対処方法と同じです。変な人に絡まれて対応している人に、よくこんなコメントがついていませんか？「相手にしない方がいいですよ」「否定しないと認めたことになりますよ」。公の場でのやっかいな他人への対処って、どこへ行っても似たようなものです。だから職場で絡まれたときも、ネットで変な人に絡まれたくらいの気持ちで、相手のせいで傷ついたり怒ったりせず、対処していくのがいいと思います。

ストレスを解消する方法

moyamoya.NO 32

ストレス解消したいなぁ…
フー…
週末まで耐えられない
ご褒美通勤してみれば？
なにそれ？
通勤経路でリフレッシュルートを作るんだよ
Office
Book Store
Home
Cafe
朝からいいことあると嬉しいだろ？
仕事帰りのご褒美で終わりよければすべてよしだ

仕事でストレスを溜めないようにするには、こまめにストレスを解消するのがいいと思います。休日や休暇をゆっくり取れるならガツンとリフレッシュしたいところですが、忙しい人はそうもいきません。だからストレスが溜まる前に、毎日の通勤や仕事の合間に、プチストレス解消をしてみてください。

私が会社員の頃や出向のときによくやっていたのは、通勤経路でリフレッシュルートを作ることです。例えば早起きできたときは神社を回って行ったり、1駅散歩してみたり。喫茶店の朝食メニューを食べてみたり。帰りも、早く帰れる日はお気に入りの書店に寄って、電車が空いている日はゆっくり座って読書したり。忙しい日はご褒美にコンビニでエクレアを買ったり。ちょっとしたことですが、朝と夜にご褒美の習慣があると、何もないのと比べたらストレスの度合いは大分違います。

朝はご褒美目当てに会社も行くかって思えるし、帰宅前のご褒美があれば、家にまでストレスを持ち込まずに済みます。毎日ちょこっと朝夜にできることがいいです。始まりと終わりがよければ、結構なんとかなるものです。

ストレスが大きくなりすぎる前に、小さい内からちょこちょこと、リフレッシュしてみてください。

リーダーも完璧じゃない

moyamoya.NO 33

リーダーならもっとちゃんとしてほしいわ
ハー…
俺が上司ならもっとうまくやるのに
子供の頃どんな大人になりたかった？
え？
パイロットかなぁ…諦めたけど…
子供の頃は大人になればなんでもできると思ってたよな…
リーダーもヒラの頃には
偉くなればなんでもできると思っていただろうな

会社に入って何年か経つと、新人ではなくなります。今度は自分が部下を持ったり人を育てる立場になります。中にはリーダー的な役職について活躍される方もいると思います。だからこそなのですが、新人も今リーダーの人も、どんな立場の人でも完璧ではないと、心の片隅に置いておいてほしいのです。

私はよく「部下の責任を取るのは上司の仕事」と言いますが、それは仕事を指示したり、人事を管理する権利を持っている以上は、逃れられない責任だと思っています。部下の失敗は采配ミスによるところが多いし、サポート不足やちゃんと育てられなかった部分も大きいです。役職が上がるというのは、ただお給料が上がるだけではなく、ときには人の人生を左右するような権力も手にすることになるので、そうである以上は、ある程度身を切る覚悟は必要だと思うのです。

だからこそ、今、部下の立場の人に知ってほしいのは、怒りや不満をぶつけたくなる上司の立場に、いつかは自分もなるかもしれないということです。そのときになってはじめて、今の立場のいいところを知ると思います。部下の内は偉くなればあれもこれもできると考えてしまいがちですが、子供が大人になったらなんでもできると思うように、それはちょっと甘い考えで、実際はつらいことが多いのです。大人になって本当になんでもできるようになったでしょうか？　学生の頃にもっと色々やっておけばよかった、子供の頃は毎日が楽しくて幸せだった、会社と家との往復で、生きていくだけでこんなに大変だと思わなかった。そんな風に思ったことが、一度くらいはありませんか？

私が上司の立場の人に一番沢山聞いた愚痴は、「給料はもう上がらなくていいから、昔に戻りたい。これ以上偉くなりたくない」でした。私も一度だけリーダー職に就いたことがあります。守秘義務に触れるので詳細は割愛しますが、もう二度とやりたくないなぁ…と思いました。性格的に、人を管理する仕事に向いていなかったのもあります。その後色々あって一度降格し、またリーダー職になるチャンスもありましたが、断ってしまいました。私は部下でいる方が楽しかったのです。

結局、子供が大人に憧れ、大人が子供の頃に戻りたくなるように、どちらの立場も対極にいるときはよさそうに見えるけど、いいことばかりではないのです。こう言うと、偉くなっても夢も希望もないと誤解されそうですが、偉くなっても責任を受け入れつつ楽しんで仕事をしている人は沢山いるので、そこは安心してください。同じように、部下の内から仕事を楽しんでいる人も沢山います。

ちょっと想像しにくいかもですが、上司の立場の人を未来の自分だと思ってみてください。過去の自分を振り返ったとき、常に完璧であったと言えるでしょうか？　足りない部分もあると思います。同じように、未来の自分にもきっと足りない部分はあります。他人であると、つい「上司」というカテゴリに当てはめて多くを望んでしまいますが、未来の自分であると考えたらどうでしょう？　同じように、今、上司の立場にいる人も考えてみてください。部下に対して期待しすぎても、昔の自分はそんなに完璧だったでしょうか？　そうではなかったと思います。

下積みの頃にいい部下だった人って、上司になってからもいい上司で、部下にも慕われることが多いです。当時の上司と立場が逆転しても、それなりにうまくやっていたりします。職場のどの立場の人も、自分と同じように決して完璧ではありません。でも、そのときを頑張っています。今の立場に不満や不安があるなら、自分自身のために、いい部下、いい上司になる選択をしてもいいと思います。

moyamoya.NO 34

マウント禁止

ネットでも職場でもマウント取る人面倒だよね
そうだな
ネットより職場で絡んでくる奴の方がやばいけどな
え？
逆じゃない？
匿名で知らない人に絡む方がやばいでしょ？
はじめから特定されているのに
絡む奴の方がやばくね？

これは職場に限らないことですが、人間関係を良好に保つための秘訣って、相手に対してマウントを取らないことだと思います。気心の知れた友達同士であっても、家庭内であってもそうです。「お前より私の方が優れているんだぞ」なんて行為をされたら、大抵の人はイラッとするし、些細なことが大きなトラブルに繋がったりもします。

仕事の場でマウントを取る人って、ＳＮＳでマウントを取りにくる人にちょっと似ています。共通点は、公の場所で沢山の人が見ている前で、特に親しくもない人に対して、それをやりたがるということです。おそらく本人は、「自分は教えてあげた。親切だと感謝されることをした」くらいにしか思っていないと思います。

でも言われた相手にしてみれば、聞いてもいないことを教えてくれたがる人って、かなり面倒です。もう知っていると言えば角が立つし、言い負かしたら自分もマウントを取った人と同じになってしまうし、そのままにしておけば無視をされたと絡まれるかもしれない。それでもグッと我慢して、大人の対応でお礼を言えば、味をしめて何度でもやってくる。自分のところに来られたら勿論のこと、他人が絡まれているのを見るだけでも、大抵の人はこう思うのではないでしょうか？「できればこの人と関わりたくないな…」って。

仕事の場でマウントを取りにくる人は、やっていることはＳＮＳでマウントを取りにくる人と似ていますが、決定的な違いが一つあります。それは、相手に素性がもうバレているということです。仕事の場でマウントを取る相手は、取引先や同じ職場の顔も名前も知っている人間です。

　そんな場所で大勢の前で誰かに恥をかかせたりしたら、どうなるでしょう？　まずは確実に個人的な恨みを買います。何故なら、職場で相手に恥をかかせるのは相手の信用に傷をつける行為で、ＳＮＳのようにお気持ちの問題では済まないからです。例えばその相手の仕事の評価が下がってしまったとき、自分がマウントを取った件とは関係がなくても、逆恨みをされる可能性があります。素性が知られた状態で他人のそういった恨みを買うのは、私はとても怖いことだと思います。

　その上で、職場でそれを見ているのは仕事関係の人たちです。マウントを取った内容によっては、その仕事に関わる部署全体から反感を買うこともあるし、取引先なら取引が中止になることだってあります。仕事で協調性がないタイプやトラブルメーカーになりやすい人は、会社にとってもリスクになります。こんな風に、職場でうっかりマウントを取る行為をすると、自分に返ってくるダメージは予想外に膨らんでいく可能性が高いんです。それだけ仕事の場でマウントを取るのは危険な行為なんです。

マウントを取るのは、自分の知っていることを人に教えることで、誰かが評価してくれたり、感謝されると思ってのことかもしれません。でも、マウントを取られた相手の方はどうでしょう？　聞いてもいないことや既に知っていることを、「あなたは知らないと思うから教えてあげる」って、相当馬鹿にしていますし、喧嘩を売っているようなものです。

そんなわけで、マウントを取れば少しずつ確実に「関わりたくない人」に分類されていくし、一度職場で反感を買ってしまえば、その場所での人間関係を回復するのにかなりの時間を費やします。たった一度で修復不可能になることだってあります。

極端な話、自分が知っているようなことは周りもみんな知っていると思った方が無難です。相手がわざわざそれを言わないのは、言う必要がないからです。それに、わからないことがあるときは、教えてほしい人に聞くものです。自分が聞かれない限り、聞きたい相手は他にいるんです。

マウントを取る行為は、どんな場所であっても百害あって一利なしです。感謝されるより、恨まれたり嫌われたりする可能性の方が高いので、極力控えていきましょう。

会社で学んだ大切なこと

moyamoya.NO 35

会社勤めで色々学べてよかったよ…
続けることが大事だって教わった…
人と比べないことも大事よね…
勝てば傲慢負ければ不安…いいことないわ
納期を守るのも大事だよな…
信頼はなにより大事だ…
こうやって思い返せることが…
一番の成長なんだろうな…

会社で学んだ大切なことを聞かれて、思い浮かんだのが、「続けること」と「納期を守ること」と「人と比べないこと」でした。

私は、はじめての職場で16年勤めてからフリーランスになったのですが、もし途中で半端な気持ちで辞めていたら、今も絵の仕事を続けていなかったと思います。長く仕事を続けるために、一番大事なのは続けることで、才能があっても辞めてしまったらそこで終わるから、とにかく続けた人が最後に残ると教わりました。

納期を守るのは当然のことですが、信頼を得るためにも、とても大事なことだと教わりました。実力や面識が足りなくても、約束を守る人は何より信頼できる。仕事の縁が長く続いたのは、納期をできる限り守ってきたからだと思います。

そして、自分と人を比べない。人と比べると、負けてるときは不安になるし勝ってるときは傲慢になります。今書いたように「勝ち負け」に気持ちが偏ってしまうこともあります。メンタルを平穏に保つために、私には一番必要なことだったと思います。人と比べるよりも、協力し合った方が結果はずっといいです。

この3つは私が会社に勤めている中で学んだことですが、お役に立てるものがあれば嬉しいです。

Chapter 03

フリーランスの悩み

フリーランスに転職した！

moyamoya.NO 36

なんでフリーランスになったの？
会社員じゃできないことをしたかった
やっぱりそういう大きな目標がないとだめかな？
そうでもないぞ？
朝起きるのがつらいが理由の奴もいたし…
外に出たくない～
早起きはいやだ～
家に籠っていたいからって奴もいたし
平日に遊びたいからでもいいの？
空いてる映画館行きたい…
いいぞ
それでも仕事が終わるならな

これからフリーランスになりたい方に向けて、私がフリーランスになった際のいきさつを書いてみようと思います。経験談というのは人の数だけあるものなので、万人の参考になる例ではありませんが、会社員からフリーランスになった一例として「こんな人生もあるんだ」くらいの気持ちで読んで頂ければ嬉しいです。

まず、フリーランスになる前の私の職種ですが、ゲーム会社のグラフィックデザイナーでした。フリーランスになろうと思ったきっかけは、既に本文中でも書きましたが、その頃勤めていた会社で作りたいものを全部作ってしまったのと、自分のやりたいことを始めたくても会社が副業禁止だったからです。そこから6年くらいかけて、辞めるための準備や仕事の引き継ぎをしました。丁度そのタイミングで、知人の縁でとある芸能事務所の新規プロジェクトに誘われました。フリーランスになってからの最初の仕事も決まったし…と、退社の意を決することができました。

退社後にはじめにやったことは、開業届と青色申告承認申請書の提出でした。こちらは業務を開始したら早めに申請しなくてはいけないので、これからフリーランスになる人は覚えていた方がいいかもしれません。最初に始めたプロジェクトは残念ながらリーマンショックの影響で1年後に頓《とん》挫《ざ》してしまいました。フリーの仕事というのは完成後の報酬である場合がほとんどなので、私は経済的にかなり疲弊してしまいました。そんな厳しいフリーランスあるある（？）な洗礼を受けたこともあり、最初の挫折でもう一度会社員に戻ろうか…と迷いましたが、せっかくフリーになったのだし、本当に0からどこまでできるかを試したいし、まずは1年、その先はできるところまで続けてみようと思いました。

周りに応援されて独立したこともあり、恥ずかしながら失敗を謝りたい気持ちで、近況報告を兼ねて同僚たちに連絡をしました。そのときに、先に退社した同僚からアプリゲームのデザインのお誘いを頂きました。まだｉＰｈｏｎｅアプリの走りの時期だったと思います。ゲームのグラフィックデザイナーって、フリーランスになる人はキャラクターデザイナーの人が多いので、私の担当の背景やＵＩデザインは、身近では人手が足りなかったのです。おかげで仕事が頂けてとてもラッキーでした。

そんな感じに、縁がまた縁を呼び、ＷＥＢデザインやアーティスト関連のデザイン業務など、色々な仕事を頂きました。お誘いの中には「名刺の一番上を取ったときの直感で決めました」なんて人もいて、運も味方した気がします。人生って何があるかわからないものです。

そんな中で少しずつ自分の好きな絵を描く時間も作れるようになりました。そして、ある日Ｔｗｉｔｔｅｒに身内向けの漫画を載せたことがきっかけで本を出すことになり、現在の作家業が始まりました。フリーランスでまずは1年続けば…と思ってから、気づけば13年も経っておりました。

一気に書いてしまいましたが、こうして振り返ってみると、私の場合はご縁に助けられて、それが仕事に繋がったケースが多い気がします。自分の悩みの他に、人から悩みを相談される機会も多かったので、問題を解決するために、一時期は沢山本を読んだり、考えたりしました。心を病んでしまう人が多い職種なので、メンタルを維持する方法については、今も考える機会が多いです。そういったことも、今の作家の仕事に繋がっていると思います。

何かの参考になれば嬉しいです。

初期装備が大事

moyamoya.NO 37

独立する前にやった方がいいことある？
まずは貯金だな
職種によっては収入0になる月もあるからな
え？
クレジットカードやローンの審査も通りにくくなる
え？
税務署の申告で失敗すると脱税になるから税理士を…
カタギの仕事…よね？

フリーランスになる前って不安が多いと思います。どんな準備をすればいいのか？どうすれば仕事が貰えるのか？ 専門の本も沢山あると思いますが、既に書いたことも含め、私が実際に準備段階でやったことをお伝えできればと思います。

まず最初にやったのは、お金に関する不安を減らすことでした。下準備なしで今からすぐにできることが貯金です。最低1年、できれば2～3年は収入がなくても食べていけるくらい、そのどちらも厳しければ、退社する日までに出来る範囲で出来る限りの貯金をしてください。業種にもよりますが、会社員と違ってフリーランスの場合は一つの仕事が完了した後で支払いということが多いです。その間は無収入で家賃や生活費を工面しなければいけません。なので、貯金はあればあるほどいいと思ってください。

また、クレジットカードを持っていない方は、会社員の内に作っておいた方がいいと思います。フリーランスはとにかく信用がありません。私の知人に売れっ子のデザイナーさんがいたのですが、当時会社員の私より高収入なのに、信用の問題でカードが作れなかったそうです。住宅ローンの審査が厳しいという話もよく聞きます。

仕事専用の振込口座も作っておくと、確定申告の際に口座の管理がしやすいです。フリーランスは税務署とのやり取りも自分でしなくてはなりません。私は退社前から青色申告について勉強し、独立後7〜8年は経費削減のために自分で確定申告を行っていました。今は税理士さんを雇っています。多少お金はかかりますが、申告漏れの不安やストレスがなく、時間を買うと思えば安いものです。その辺りの情報や予算も事前に調べておくといいかもしれません。

お金の準備、信用問題への準備、開業の準備、これらと並行してやっていたのが、先に会社を辞めて独立した先輩方への相談でした。やはり実際にフリーになった人にしかわからない苦労というのがあるし、身近にそういう方がいるなら、できる限り話を聞いておいた方がいいと思います。業種により、どうやって仕事を受けているかとか、収入のない月はどうしていたかとか。私は「売れない内は貯金に頼らず、アルバイトも考えた方が現実的だ」とアドバイスを頂きました。実際に最初のプロジェクトが頓挫した後でアルバイトをした経験があります。会社員を長年やっていた方の中には、プライドが邪魔して「それじゃフリーランスじゃなくてフリーターじゃん！」と頑なになる方もいますが、正直なところ、フリーランスの道を選んだ時点でそのプライドは捨てた方がいいです。折角雇用から離れて独立したのに…という気持ちはわかりますが、それくらいにフリーランス一本で食べていくのは厳しいときがあります。ときには「臨機応変」でその場の金策を考える柔軟さが必要です。

色々な準備について簡単に触れましたが、一番必要なのは「覚悟」だと思います。フリーランスには福利厚生もボーナスも定期的な健康診断もありません。税金関係のことも全部自分でやらなければならないし、アルバイトすることになったり、クレジットカード一枚作るのにも苦労するかもしれません。「それでもフリーランスになってやりたいことがある！」という、強い意志がある人には、新しい門出を心から応援したい気持ちです。

フリーランスになって一番よかったと思えることは、よくも悪くも自分のことを、自分で決める自由があることです。成功するか失敗するかは運によるところもあります。とてつもない能力があって仕事が取れない人も、ラッキーが続いて大成功した人もいます。そんなときに「自分が選んだ道だから」と、諦めずに前に進める覚悟が、一番必要なんだと思います。

フリーランスになるというのは…

moyamoya.NO 38

フリーランスになるって言ったら…
家族に反対されちゃった
もし将来娘ができてさ…
ぺこり
会社勤めで収入が安定した男と交際をしてたのに…
そいつと別れて社会的信用が低い収入不安定な男を連れてきたら…
ちーっす
心配しかない
会社員からフリーランスになるってのは
そういうことだ

今まで会社員だった人がフリーランスになると、家族や友達からとても心配されると思います。私もそうでした。当時いたゲーム会社は一部上場していたし、社内で中堅だったこともあり、周りからはかなりの反対を受けました。

新しい門出に賛同してもらえないと、人生の選択に水を差されたようでモヤッとするかもしれません。でも、それは仕方がないことです。信用のある場所から信用のない場所へいくのですから。昔話だって、鬼ヶ島に向かう桃太郎に「絶対勝てる、楽勝、仲間もすぐ見つかるよ、鬼退治して今後は安泰だね」なんて、はじめから未来を予想して送り出す人はいなかったと思います。それが現実ともなれば、危険な道を選ぶ人を止めたくなるのは当然です。

好きな道を選ぶというのは、ある意味我儘な生き方です。だから、周りに反対されても自分の道を目指すと決めたなら、「自分はこれから周りが心配をするような仕事を始めるんだ」という自覚を持った方がいいです。そういう気持ちがいざというときの強さや覚悟になります。優しい言葉や賛同だけでなく、反対意見も思いやりであり、大事な意見の一つです。決して無駄にしないでください。

防御力は自分で上げる

moyamoya.NO 39

独立したから
わかるけど…
会社に守られて
いたよ…
会社って
実家みたいな
安心感が
あったな…
どんなに
悪く言っても
給料は出たし…
実家…
反抗期中も
ご飯作って
くれたよな…
何かあれば
助けてくれる
仲間や上司も
いた…
お母ちゃん
だけは…
ずっと
あんたの
味方やで…
会社…
よかったな…
ぐすっ…
実家に
帰りたい…
ホームシック
みたいに
なってる…?

会社員からフリーランスになって、今でもよく思うのは、自分が会社にどれだけ守られていたかということです。変な例えですが、今まで実家に住んでいた人が一人暮らしを始めると、自力で生活するのがどれだけ大変かを知ることがあります。フリーランスになったときも同じで、お金の管理や各種手続きなど、「会社は今までこんなに大変なことを全部やってくれていたのか…」と、心の底から感謝しました。

ブラックなところでは例外もあるかもですが、大抵は組織の一員として社員を守るのが会社です。でも、フリーランスはそういった自分を守ってくれる後ろ盾がないので、自分で自分の身を守らなければなりません。慎重に仕事を選ばないと足元を見られることもあるし、仕事が忙しければ、健康管理がおろそかになることもあります。

しかし、悪いことばかりではありません。仕事を選べるように、自分の守り方も選ぶことができます。いい税理士さんを探せば、会社員時代より安心してお金のことを任せられるし、スケジュールをうまく管理できれば、今までより健康に気を遣ったり、ストレスを減らすこともできます。任せきりだったものをカスタマイズできるようになったと思えばいいです。自分の防御力は自分で上げていきましょう。

フリーランスのメリット、デメリット

moyamoya.NO 40

フリーランスのメリットってなに？
自由に仕事を選べることかな
会社員時代は選べるものが少ないだろ？
選択肢は…A定食かB定食か…
B定食
A定食
社食のランチみたい
じゃあフリーランスはバイキングみたいなもの？
わーーーい
メニューは豊富だけど…
食えるかどうかは別の話だな
予約
完売
限定
売約済
……

フリーランスのメリットとデメリットについて聞かれることがあります。

メリットはやはり、よくも悪くも自由だということでしょうか。会社員は何かと制約が多いです。勤務時間や働く場所も決められているし、所属や仕事の内容もあまり選べません。その辺りで自分の要望を通すには出世しなくちゃいけないし、少し偉くなって人事や仕事の方針に口を出せるようになっても、会社という枠から逃れることはできません。そういったことに不自由を感じるタイプにとっては、なんでも自分で決められるフリーランスの仕事は自由で楽しいと思います。新人とか中堅とか関係なく、始めたその日からやりたい仕事を選べるし、勤務時間も働く場所も自由です。収入だってうまくいけば頑張った分だけ上がります。平日も休日も関係なく、好きなときに休んだり働いたりできます。

デメリットもまた、なんでも自由に選べてしまうことです。仕事を自由に選べますが、その仕事は自力で取ってこなければなりません。フリーランスになってやりたくない仕事をしている人は、嫌々ながらに依頼を受けていたとしても、その仕事は自分で選んで決めたものなのです。収入の安定もありません。会社員時代は土日祝日があり、有給休暇を使えば会社を休んだ日もお給料が貰えましたが、フリーランスは仕事をしなければその期間は無収入です。何より面倒なのは、確定申告などの各種申請や手続きです。会社員時代は会社がほとんどやってくれますが、手続きやお金の管理を全部自分でやらなくてはならないので、向いていない人にとってはかなりの苦痛です。うっかりミスをすれば脱税になってしまうこともあります。税理士さんを雇うにしてもそれなりのお金がかかります。そして、厚生年金・健康保険から国民年金・国民健康保険への切り替え。これはかなりのデメリットだと思います。私は職種柄、国民健康保険を文芸美術国民健康保険に切り替えましたが、そのためには組合加盟の団体に加入したり、条件や審査もあって大変でした。こんな風にフリーランスのメリット、デメリットに加え、職業ごとのメリットやデメリットを考え、社会保障制度なども自分で調べて対応しないと、損をしてしまうことが多いです。フリーランスはそういった、会社員時代は会社が済ませてくれた面倒が山ほどあります。

ざっくりとフリーランスのメリットとデメリットを書いてみました。会社員からフリーランスになった私の私見ですが、よほどやりたいことがあったり、人間関係がうまくいかなかったり、共同作業より個人作業の方が好きなどでなければ、会社員の方が面倒は少ないと思います。フリーランスは自分でやらなければならないことが本当に多いです。会社にいると、人間関係や給料に対する不満が必ず出てくると思います。でも、仕事に対する愚痴が吐けるって、ある意味幸せなことかもしれません。そういった話題があり、共感できる仲間がいるだけで救われることは多々あります。フリーランスの場合、まず従業員は自分だけですし、今の境遇や待遇に対して不満があっても、原因を作っているのは上司でも会社でもなく自分です。お給料も毎月必ず振り込まれるお金があるのは安心でした。フリーランスは納品完了まで支払いがない仕事がほとんどなので、はじめて無収入の月を迎えた日はかなり青ざめました。今では大分慣れましたが、そうなるまでには何年もかかりました。

私が今でもフリーランスを続けているのは、フリーランスでないとできないことがあり、それがリスクを取っても代えがたいものだからです。正直なところ、私は共同作業が好きなので、たまに会社員時代に戻りたいときもあります。でも、絶対に会社員には戻りたくないという人もいますし、考え方は人それぞれです。どちらにしてもメリットやデメリットがありますから、人の意見は参考程度に聞いて、好きな方を選ぶのがいいと思います。

フリーランスと会社員の違い

フリーランスは
ネコ科の動物に
似てるよね
単独で狩りを
するイメージ
あるわね
会社員は
犬っぽいよね
群れで狩りを
する感じ
かしら…？
あ、だから
「会社の犬」とか
言うのかな？
ニヤハハハ
チッ…
猫ちゃんが…

フリーランスと会社員では悩みやストレスもだいぶ違います。フリーランスは誰とどんな仕事をしても、内部の人間ではなく外部の人間です。変な言い方をすれば、よそ者なんです。だから仕事をするときは守秘義務を含めた契約も必要だし、ご縁が厚い会社でもやっぱり身内ではないから、ある程度の線引きが必要です。自由ではありますが、会社のような大きな力で守っては貰えないし、仕事でミスがあれば全部自分で責任を負わねばなりません。フリーになると、孤独が主体の悩みが増えるので、それで会社員に戻ってしまう人も沢山います。

動物で言えば会社員はワンちゃんで、フリーランスは猫ちゃんです。ワンちゃんの群れの構造は組織の仕組みにとても似ています。分担や相談ができず群れからはみ出せば大変なことになります。会社員には周りとうまくやっていくための協調性が必要です。一方、フリーランスはネコ科の動物がソロで狩りをするように、単独での機動力や行動力が必要で、自分で決めて行動する主体性が重要となってきます。個人と団体じゃ戦い方も守り方も全然違います。フリーランスとして仕事をするなら、そのあたりの違いは理解しておくといいかもしれません。

moyamoya.NO 42

ライフゲージが0になるまで戦わない

土日も仕事しないと終わらない…
ハ〜…
ちゃんと休んだ方がいいぞ
でも…フリーは休むとお金が貰えないし…
自己責任だな〜
ハハ…
自分が今より収入上げたくてやってるから…
ライフゲージが0になるまで戦うな!!
どんなに人生に課金しても
死んだらないんだよ意味が

フリーランスの仕事は自由度は高いのですが、それ故に見落としがちなのが「休む時間」です。会社員と違ってお昼ごはんの時間や就業時間などが決められていない分、「いつでも休もうと思えば休めるから」と、休むことを忘れてしまう人が多いのです。

私も本当に、「休むのが下手」と友人に叱られるくらい、仕事漬けになってしまう日が多いのですが、その「休み下手」の経験から言うと、四六時中仕事中心の生活をしていると、ある日突然バキッと不調を起こして倒れたりします。だからなのですが、「休むのも仕事」くらいに考えておかないと、本当に休まないことが原因で体を壊して、結局は仕事にも影響が出てしまいます。つまり、それはもう「仕事ができない人」ということです。仕事が大好きな人に休ませるのって至難の業ですが、一番説得力のある言葉があるとしたら、「仕事に支障が出てますよ」だと思います。私もこれで睡眠時間だけはしっかりと取るようになりました。

フリーランスの人はチャンスに対する焦りが強いし、働かなければその間の収入は途絶えてしまうので、体調が悪くても仕事を入れたり、長い間、健康診断や通院を先延ばしにしてしまうことも多いです。でも、これだけは絶対に言えることですが、体を壊したら努力が水の泡になります。折角取った大きな仕事も大きな損失にしかならないし、お金のために無茶をしても、そのお金が治療費で消えることになります。何より仕事は受ける前より、受けた後で断ったりドタキャンをしたときの方が損害が大きいです。信頼だって一気に崩れてしまいます。それが普段からきちんとした健康管理をして、その上で防げなかった病気などなら周りの理解も違いますが、自己管理をさぼって体を壊して周りに迷惑をかけたら、同情の余地がありません。それこそ、仕事を一つ二つ断る以上のダメージを受けることになります。

とはいえ、自分の都合で仕事を選べる人ばかりではないと思います。中には仕事をうまく断れず無理を重ねてしまう人もいるでしょう。押しに弱い人や気持ちの優しい人は、このケースで無理をすることが多いです。だから、こう考えてみてください。「自分がすべての仕事を仲介している立場だったらどう思うか？」、今の自分を見て、「ここまで無理をさせたらさすがに体を壊すのではないか？」、そう感じたら危険信号です。

フリーランスは色々な会社との取引ができるので、いくつもの仕事をかけもちする人が多いです。でも、依頼主は自分が依頼をした仕事のことしか把握していません。今どれくらいの負担を抱えているかを知っているのは自分だけです。だからこそ、自分の身は自分で守らなければなりません。

もしあなたが関わった仕事で誰かに無理をさせたことで、その人が心身を病んで人生を狂わせてしまったら、どう感じるでしょう？　そのことを気にせず、毎日を楽しく生きていけるでしょうか？　よほど冷たい人でなければ、多少なり負い目や罪悪感を持つと思います。私の業種は心身を壊してしまう人が多く、たまに訃報も聞きます。しばらく関わりのなかった人がそういう状況でリタイアしたと聞いただけでつらくなります。「もし自分が近くに居たら助けられたんじゃないか？」と、考えても仕方がない後悔を抱えることもあります。だから自分のために休めない人は、自分が傷つけば周りも傷つけてしまうと思って、自分を労わってほしいのです。

どんなことでも、それができるのは生きているからです。仕事は無理を続ければ命を落としてしまうこともあります。健康管理も仕事の内と考えて、休む時間もちゃんと予定に入れるようにしてください。

moyamoya.NO 43

フリーランスとSNS

こないだの取引先の人むかつくな…
モヤッ…
スッ…
ふふっ
ポチポチポチポチ
誰のことかは言えないけど
すごくむかつくことがあった～！
そういうのはやめとけよ
誰のことか書いてないし大丈夫だよ
誰のことかを書かないと
誰もが誤解するんだよ

会社員からフリーランスになると、ＳＮＳの使い方も今までとは変わってきます。会社勤めの頃は匿名で、個人的な利用を目的にＳＮＳを使う人が多いと思います。でもフリーランスになると、ＳＮＳは仕事の宣伝のための重要なツールに変わります。

大抵の方は本名又はアーティストネームやペンネームなど、実際に仕事で使う名前でＳＮＳを利用すると思います。使い方としては、今やっている仕事の告知をしたり、更新することで仕事を貰う機会を探したり。最近では企業や出版社が「〇〇フォロワーを超えたら採用しましょう」なんて声をかけることもあるそうです。

私もＳＮＳがきっかけで作家デビューをしました。たまたま載せた漫画がバズってメディアなどで取り上げられて、出版社からお声がけを頂きました。正直なところ、あの頃の私はゲームの仕事に満足していたし、好きな絵はもう趣味で描ければいいやと思い始めていました。とても古い価値観ですが、どんな時代になろうと、作家業は若い人にしかチャンスが来ないと思い込んでいたのです。だから、ＳＮＳがきっかけで本を出す方を見かけても「すごいなぁ」と他人事でしたし、自分の身にそういうことが起こるとは思ってもいませんでした。

だからこそなのですが、フリーランスの方はＳＮＳを大いに使った方がいいと思います。私のように、敢えてそれを狙っていたわけではなくても、運がよければチャンスが訪れる場所です。「どうせ無理だよ」と諦めるのはもったいないです。実際、ＳＮＳを使って作家やミュージシャンとしてデビューしようと決めて、狙ってチャンスを掴んだ方も沢山いると聞きます。

ただ、フリーランスの方が仕事も絡めてＳＮＳを使うとき、気をつけた方がいいこともあります。オープンな使い方をする分、色々な方がやってくるので注意が必要です。これはＳＮＳの法則のように言われていますが、バズったりフォロワーさんが増えたりすると、一定の頻度で必ず絡んでくる人が現れます。私も実際にそういうことがありました。小さなトラブルで済めばいいのですが、ネットでは何に火がつくかわかりません。運悪く炎上したりすると、せっかく手に入れた仕事に支障が出ることもあります。

私がＳＮＳを使う上で気をつけていることを書くと、ＳＮＳを匿名の場所と思わず、普段と同じ日常の一部として使うようにしています。簡単に言うと、誰に見られても困らないことだけを書いています。実際、私は仕事先にも友達にも家族にもＳＮＳを隠していないので、まず、その辺りに言えないことは書けません。

本名でアカウントを取っているなら勿論ですが、偽名を使っているとしても、仕事でその名前を使うならば匿名とは言えませんし、ＳＮＳでトラブルを起こすと、どれくらいの被害が出るかわかりません。

ＳＮＳに知り合いの悪口や仕事の愚痴を書きたいときもあると思います。でも、もし相手にバレたらトラブルになるのは目に見えています。「誰のことかわからないように書けばいいじゃん！」と名前を伏せて書いていた人もいましたが、誰とは書かずに書くことで、関係のない人にまで誤解されて信頼を失うのを見ました。

ＳＮＳって読んでいる人が自分のことのように共感しやすい場所です。フリーランスはＳＮＳを大いに活用すべきだと思いますが、そのときは、ＳＮＳも仕事の一部くらいに考えた方がよさそうです。好きなことを書いて炎上したり、逆にそれを狙って利用する人もいますが、そういうのって相当なメンタルの強さが必要です。できることならトラブルは避けていった方がいいと思います。

「夢」や「憧れ」をカタチにしたい

moyamoya.NO 44

どうすれば夢が叶うのかな？
そのために何かしてる？
想いだけはあるんだけどまだ何も…
じゃあ今すぐ始めた方がいいぞ
10年想い続けるより…
1回の行動の方が強いんだよ
恋愛だってそうだろ？
子供の頃から好きだったのに…
突然現れて告白してきた泥棒猫が…

夢や憧れを形にするにはどうすればいいでしょう？　私がこの質問をされたときに必ず言うのは、「何か行動を起こしてください」です。これは今まで出会った人たちを見たり、相談に乗ったりして思ったことですが、夢や憧れを持っている人が少ないのではなく、それを持っている人は意外と沢山いるんです。ただ、行動を起こす人がなかなかいないんです。

例えば、絵を仕事にするにはどうすればいいかと相談を受けたことがあります。ところが、その方は絵描きになる方法は知りたいけれど、絵をほとんど描いてないのです。どんなに口で夢を語っても、絵を描かない限り絵描きになるチャンスは訪れません。また、絵が好きで毎日絵を描いていて実力がある人もいましたが、いつかうまくなる日まではと、その絵を人に見せないんです。どんなにすばらしい絵を描けても、誰にも見せなければ、その才能が世に知られることはありません。

自信のない私がこれだけは自信を持って言えますが、何も行動を起こさなければ何も起こりません。成功している人はとにかく努力を続けたり人に見せたり、行動をちゃんと起こしてきた人です。シンデレラのように察しのいい魔法使いは現れませんから、とにかく行動してみてください。

人見知りを克服したい

moyamoya.NO 45

人見知りを克服したい…
とにかく人と話そうぜ
え〜…いきなり本番?
ちょっとずつ一人で慣らしていく方法とかないの?
本番で失敗するのが怖いのは…
本番に慣れようとしないからだ
直接ゴールを狙えるPK戦でさえ2〜3割は外すんだぞ
バンッ
確かに…
プレッシャー抜きの練習より場数を踏んだ方がいいんだよ

フリーランスになると実際の仕事だけではなく、仕事を受けるための交渉や営業なども自分でやらなくてはなりません。私も元々はかなりの人見知りでした。でも、今は普通に初見の人と打ち合わせをしたり、仕事の交渉をしたりしています。

人見知りを克服する一番の方法は、荒療治ではありますが、とにかく人に会うことです。どんなに遠回りな方法を探して段階を踏んでも、最終目標が人と話すことである以上はそれが一番早いんです。私は高校のときに、人見知りや喋るのが苦手なことを克服しようと放送部に入りました。はじめの内は恥ずかしかったけど、1年もすると当たり前のように放送室で電話を受け取り、放送で喋れるようになりました。最近だと音声ＳＮＳなども喋る練習になりました。いきなり仕事で喋るのは緊張するでしょうから、まずは友達と話したり、好きなことを習ったりイベントに参加したりと、楽しみながら人と接して話す時間を増やしていくのがいいと思います。

苦手なことは数をこなして当たり前の一部にしてしまうのが一番です。早起きが苦手な人が、嫌々ながらもゴミの日だけは起きられるようになるようなものです。仕事で人と話すことも、当たり前にしてしまいましょう。

仕事は「人」で選ぶ

moyamoya.NO 46

お仕事ってどうやって選んでる？
会社？ギャラ？
「人」
誰と仕事をするかで結果が変わる
センス
丁寧
スピード
多少ギャラが安くても信頼は金じゃ買えない
大きな会社の大きな仕事を選んでも
仕事が終わらなければ…成果はゼロだ

フリーランスでは色々な仕事の取り方があります。仕事をしたい会社に自分から売り込みに行ったり、募集に応募したり、ご縁を紹介されたり。その際に、「どういう基準で仕事を選べばいいかわからない」という相談をされます。こればかりは「こうしていれば絶対大丈夫」というのはないのですが、私がどんな基準で仕事を選んでいるかというと、基本は「人」です。

雰囲気が好きだったり、会話のキャッチボールがうまくできたり。やりたいことの方向性に大きなズレがないかも大事です。なんとなくひっかかったり、嫌な感じがするときは要注意です。そういう勘は結構当たります。対価が見合う仕事であるかも大事です。自分に価値を感じていない相手とは大抵はうまくいきません。

正直、仕事の規模や会社の知名度は二の次です。どんなに有名な会社の大きな仕事を受けても、完成させられなければ結果は残りません。大事なのは、「この人とならいい仕事ができる」という信頼です。同じ会社からの依頼でも、担当者により対応が全然違って、別の担当者ならうまくいくということもあります。仕事を選ぶときは、ブランドよりは「人」で選んだ方がいいと思います。

雇用が安定しない。将来設計が立てにくい

moyamoya.NO 47

雇用が不安定で将来設計が立てられない…
どんな仕事選んでもそうだよ
コロナ禍で大手や老舗が潰れたり…
災害も起きるしリストラだってあるだろ?
そこまで考えてたら先の予定なんて立てられないよ…
ネガティブすぎ…
めっちゃ現実だよ
今の全部ここ十数年で起きたことだぞ

フリーランスに限らずの話ですが、アルバイトや契約社員の方など、正社員以外の人から、雇用が安定しないため将来設計が立てにくいという悩みをよく聞きます。

私も、「10年、20年先のことを考えて行動してるか？」と、年上の方から厳しく言われたことがあります。結局、悩んだ末に出した答えが、「どんなに考えても4年〜5年先が限界で、それだって考えても無駄になるかもしれない」でした。当時はその答えにあきれられたものです。でも、私なりにそう思う理由があるんです。ちなみに、私が最後に将来設計について真剣に考えたのは、会社を辞めて新しいプロジェクトを始めた13年前でした。

先にも書きましたが、そのプロジェクトは1年で頓挫しました。会社にいたときにお誘いを頂いたので1年近く前から準備をしていました。会社に勤めた期間と同じくらい長く続くプロジェクトの予定で、報酬や役職、自社株の保有率までじっくりと話し合って決めました。これってかなりお金のことや将来設計について真剣に考えていたと思うんです。それが、２００８年の9月、退社直後にリーマンショックが起きるなんて誰が想像できたでしょう？

そのときに思ったのは、会社の経営に影響が出るレベルの危機が社会的に起こってしまえば、大手にいようが老舗にいようが、個人の将来設計なんて簡単に崩れてしまうということです。コロナ禍や東日本大震災のような災害も、誰が想像できたでしょう？　東日本大震災のとき、順調だった仲間の会社のいくつかが倒産しました。コロナ禍は現在も続いていますが、今、何年後に終息して、経済がいつ頃回復するかを確実に予測できる人はいないと思います。

「そこまで考えたら、先の予定なんて立てられないよ！」って思いますよね。

そうなんです。でも、ここに書いたことって絵空事ではなく、ここ10年、20年の間に実際に起きたことです。どんな仕事でどんな立場であっても、将来設計を立てるのって難しいんです。だから、私は雇用の安定や将来のことって、あまり気にしすぎない方がいいと思ってます。10年どころか5年先のことだって、1時間後に起こることでさえ予知はできません。勿論、無計画にいけというわけではありません。ざっくりと心構え程度には決めておいた方がいいし、そのとき最善だと思う道に進む努力はした方がいいと思います。ガッチリと決めてしまうと、失敗したときの心のダメージも大きいです。それよりは、その時代や場面に合った努力をした方が、臨機応変で動きやすいし、状況を変えられるチャンスも多いと思います。

私が子供の頃にはインターネットはありませんでした。携帯電話もなかったし、今みたいな時代が来るなんて予想もしませんでした。作家になる未来も予測できませんでした。もし退社後にリーマンショックが起こらず、将来設計の通りにうまくいっていたら、今ごろ家の一軒くらい建っていたかもしれません（苦笑）。将来っていつまでのことでしょう？　例えば20歳のときに80歳までにかかるお金を計算したとします。結婚や出産、子供の養育費、老後の生活費。でも、今80歳の人は20歳のときに28年後に消費税が始まることは予定していなかったと思います。当時3千万円で買えた家を買うのに3千300万円かかると言われたら、信じるでしょうか？

会社員だった私がフリーの作家になっていたり、当時はアルバイトだった人が社長になっていたりもします。今の自分の仕事で、将来の自分まで決まってしまうということはありません。どんなに慎重に考えても予定通りいくことはないので、先のことを考えて不安になりすぎない方がいいと思います。

「断る勇気」を持つ

moyamoya.NO 48

強引なお誘いや気の乗らない仕事…
受ければあなたの宣伝になりますよ!
いるいる
断る勇気が持てなくて…
危ねーな
断れよ
仕事は代わりがあるけれど…
命は代わりがないだろう?
危ないことをする勇気があるなら…
逃げる勇気を持った方がいいぞ

取引先からの強引なお誘いや、気の乗らない仕事を断れないという話をよく聞きます。でも、断る勇気はフリーランスとして仕事を続ける上で何より大事です。

仕事を断れない理由でよく聞くのが、断ることで今後その業界で仕事が貰えなくなるという話です。でも、私の知る限り、実際にそういう脅しを言われたという話は聞きますが、やられたという話は聞きません。できないからだと思います。それに本当に権力のある人は、そういうことは言わないものです。フリーランスの代わりなんていくらでもいるのに、わざわざ悪評が広まるようなことをするメリットがありません。また、一度断った会社からは二度と仕事の依頼が来なくなるという心配ですが、仕事を断った担当とは別の人と仕事をすることはざらにありますし、それに関しては、断り方にもよると思います。

不安を恐れて無理な仕事を受けない方がいいのは、仕事には代わりがあるけれど、自分の体には代わりがないからです。フリーランスは体が資本です。自分が倒れたらそこで終了です。目先の利益や不安に惑わされず、自分の心身を守るために断る勇気を持ってください。

フリーランスに向いてる人

moyamoya.NO 49

フリーランスは通勤がなくていいよね
自分しかいないからな
好きな仕事を選んでいいし
自分しかいないからな
嫌な上司も面倒な部下もいないし
自分しかいないからな
もしかして結構寂しい？
孤独の我慢大会だよ

フリーランスに向いてる人って、一人で行動をしたり、決めたりするのが苦にならない人だと思います。会社員と違ってフリーランスは、あらゆる場面で個人の判断を求められることが多いからです。

例えば外注先を探している企業は、同時に何人かに声をかけていることが多いです。大抵の仕事の依頼には守秘義務があるから人には相談できませんし、決断に迷っている間に他の人に決まってしまうこともあります。一人で決められないタイプは、こういうときに出遅れてしまいます。

また、最近よく聞く「コロナ鬱」などのように、テレワークなどで一人で働くことに向いていないと気づき、気持ちがふさいでしまう人はとても多いです。フリーランスになったら、それが毎日ずっと続くと思ってください。私は会社員とフリーランスの両方を経験していますが、正直なところ、フリーランスの仕事は孤独の我慢大会みたいな時間が多いです。職種にもよりますが、実作業のときには一人になる確率が高いと思います。休み時間やふと顔を上げたときに周りで作業をしている仲間がいないのは結構寂しいものです。フリーランスになるなら、一人で過ごす練習もしておいた方がいいかもしれません。

moyamoya.NO 50

続けるためには？

長く仕事を続けるために何かしてる？
そうだな…
きちんと連絡をする
縁を大事にする
仕事の納期を守る
後は初心を忘れないことかな…
意外と普通のことばかりだねえ
普通を続けるのが
一番大変なんだよ

フリーランスの仕事を続けていくためにはどうすればいいか？　私もまだ13年目ですが、一つは会社員時代と同じで、とにかく続けることだと思っています。どんなことも自分が辞めない限りは続いていくからです。

でも、ここでの続けていくための方法って、そういった自分の気の持ち方の話ではなく、具体的にどうすれば仕事を貰い続けることができるかだと思います。とはいっても色々な業種がありますし、万人に通用する方法はありません。ここではとりあえず、私がフリーランスになってから心がけていることを書いてみます。運もあると思いますが、この13年あまり仕事が途絶えたことがないのです。やっているのは当たり前のことばかりですが、参考になる話もあるかもしれません。

一つ目は、メールなどで仕事のお誘いを受けたら、できるだけ丁寧に早めに返事をすることです。都合が合わず仕事をお断りする場合であっても、誘ってくださったことに対してのお礼の気持ちを伝えます。相手からも丁寧なお返事を頂けたら、日程が合えば次は是非…と話が膨らむこともあります。私は何度か音信不通になって仕事を飛ばれたことがあるので、連絡がちゃんとつくって、とても大事なことだと思います。

たまに仕事をお断りした際、全く返事をしてこない方もいるのですが、そういうとき、お断りしてよかったかも…って思います。だって、いい返事が貰えないなら返事をしないって、ちょっと失礼だし、モヤッとしませんか？　一緒に仕事をするなら、きちんと連絡が取れて信頼できる人がいいと思うのです。

二つ目は、ご縁を大事にすることです。一つ目の延長でもありますが、私は作家になる前の仕事はすべて紹介で頂いてきました。同じ会社から何度も仕事を頂くこともあれば、そこから取引がある会社を紹介して頂いたことも。自分も誰かに仕事を紹介できそうなときは、できるだけ縁を繋ぐようにしていました。身内の縁で巡ってくる仕事って、親しい人に怪しい仕事を紹介したい人は少ないので、飛び込みで営業したり知らない会社と仕事をするよりは、安全なものが多いです。ご縁を大事にするのは本当におススメです。

三つ目は当たり前ですが、締切を守ることです。私は滅多に締切を落とすことはないのですが、どうしても厳しいと感じたときは、できるだけ早い内に相手に相談するようにしています。可能であればある程度前倒しで納品するのがいいです。ギリギリの納品をくり返すと、相手も警戒します。直してほしい部分があっても言いづらくなるし、そうなると、「次はもっと余裕をもってやってくれる別の人に頼もう…」なんてこともあるかもしれません。時間に余裕があれば相手の意見も取り入れて、お互いが納得いく形に近づけることもできます。これは最近知ったのですが、フリーランスできちんと締切を守ったり、前倒しで納品する人は意外と少ないそうです。ちゃんと締切を守るだけで、ポイントが上がるかもしれません。

最後は、初心を忘れないことです。フリーランスも長く続いたり、少し調子がいい時期があると、天狗になってしまったり、本来は純粋な気持ちでやっていたことも、なぁなぁになってくることがあります。実際にそういう人たちを何人も見てきて、ガラッと態度が変わってしまうのは悲しいなぁって思いました。だから、自分もそうならないように気をつけていこうと思いました。初心を忘れず、いつか有名になることがあったとしても、仕事で関わる方たちへの感謝を忘れずにいたいと思います。

当たり前のことばかりですが、私は続けることと、以上の四つを心がけるようにしています。参考になることがあれば幸いです。

好きが一番大事

moyamoya.NO 51

好きなことを仕事にできたらいいのに…
あー…
好きなことを諦めずに続けていたら…
好きな仕事ができるかもな…
え～意外とロマンチスト？
夢でもロマンでもねぇよ
諦めずに続けたことにしか
続きも結果もないんだよ

フリーランスになって一番やりたいことって、やはり好きなことを仕事にすることだと思います。大抵の方は会社ではできないことや好きなことをしたくて、フリーランスになったのではないでしょうか？　でも、気づけば好きなことばかりでは生きていけないと諦めて、会社員のときと同じように毎日お金のための仕事をしていたり…。だからこそなのですが、生きていくための仕事の他に、好きなことや、やりたかったことを、少しずつでもいいから続けてほしいのです。

私が会社を辞めて1年でプロジェクトが頓挫して、フリーのデザイナーとして活動を始めた頃、どうすれば好きなことを仕事にできるかと悩んでいました。そのときに某アニメ制作会社の忘年会に呼んで頂く機会があり、そこには有名なクリエイターやアーティストの方々が沢山来ていて。二次会の席で憧れていたデザイナーさんとお会いする機会がありました。お酒の席だし勇気を出して聞いてみたのです。

「どうやって今のお仕事を？」って。

その方は、実は一度も営業をしたことがないそうで、それを聞いて、やっぱり才能がないとだめか…とがっくりしました。でも、とてもまっすぐな目でこう言ったんです。「好きなことを続けてください」って。それができないから悩んでいるのに…と思いましたが、同時に、「自分は今、本当に好きなことを続けているだろうか？」と考えました。その方は「ただひたすら好きなことをしていたら仕事が来ていた」そうです。その話を聞いたら、だめで元々、やってみようと思っちゃったんです。

今まで好きなことをしていれば仕事が来るなんて、夢みたいなことを言う人は一人もいませんでした。大抵は「現実は厳しい、考えが甘すぎる、努力が足りない」と説教されるばかりでした。でも、それを言った人たちはみんな希望の仕事には就いていなかったんです。だから、実際に成功を収めているその人の言葉を、信じてみたくなりました。その後は仕事をしながら好きな絵をネットに載せたり、イベントに参加するようになり、絵を描く楽しさを思い出すようになりました。もう仕事にしようとかは忘れて、趣味でもいいかなって思い始めた頃、Ｔｗｉｔｔｅｒに漫画を載せた結果が今の作家の仕事です。そう思うと、「好きなことを続ける」って、私には正しいアドバイスだったのだと思います。

あの言葉を教えてくれたデザイナーさんはものすごく才能があったし、天才が努力をしたからうまくいったのかもしれません。私もたまたま運に恵まれて今があるのかもしれません。それでも一つだけ言えることは、あのまま好きなことをやめてしまっていたら、今はなかったということです。

仕事の合間に好きなことをしても別に損はありません。それがすぐに仕事にならなくてもリフレッシュになるし、まずは自分が楽しむことが大事です。人はつまらなそうなものより、楽しそうなものに惹かれます。好きなことをして発表すれば、好きな仕事が来る可能性は、何もしないでいるよりは確実に上がります。好きなことを諦めて何が好きかを誰にも伝えなければ、それ以上の進展はありません。

夢物語のようで馬鹿馬鹿しいと思うかもしれません。でも、私が知っている限り、好きなことを仕事にされている方は、好きなことを何かしらの形で続けてきた人たちです。恋愛だって好きだとアピールした人の方が気持ちに気づいてもらえます。何かを始めると結果を知るのが怖いけど、どうせだめに違いないと思うなら、だめで元々と思えば何だってできます。仕事の合間に少しずつでいいから、好きなことを続けてみてください。人生はいつ何が起こるかわかりません。

なんのために働くのか

moyamoya.NO 52

なんのために働くのかしら…
仕事ばかりの人生なんて…
子供の頃は夢があってね…
私…ケーキ屋さんになりたかったの
それも
仕事じゃね？
ッ…
…!!

人はなんのために働くのでしょう？　そんな、難しい質問をされました。

まず、人は必ず働かなければいけないのかというと、私は働かなくても生きていけるなら、働かなくていいと思います。そうなると働くのは生きるためになるわけですが、なんのために生きているかと問われたら、その答えは様々で、「裕福に暮らすため」「夢を叶えるため」「何かを成すため」「幸せになるため」。「好きなことをするため」もあると思います。好きなことが仕事の人は、仕事のために生きていることになります。「仕事が生きがい」という人もいるので、働くことは生きる目的にもなります。

好きなことを仕事にできて沢山お金を稼いで人に評価されたら。まずお金持ちになれば「裕福」になる夢が叶いますよね。仕事で評価されれば「何かを成す」も達成できます。裕福になって何かを成して夢が叶ったら、きっと幸せです。「幸せになるため」も叶いました。冷静に考えると、働くことで様々なものが手に入ります。

私が思うに、仕事って色々なものを満たしやすいのだと思います。例えばお金ですが、何もせずにお金が手に入ったら嬉しいでしょうか？　それで幸せを感じる人もいるかもしれませんが、漫画であっても現実であっても、そういう人ってすごく妬まれます。どんなに頑張っても苦労知らずと言われたり、努力して実力で何かを成しても金の力と言われたり。働かないで得たお金は妬みの対象になりやすいです。でも、働いて得たお金であればそこまで言われることはありません。

夢を叶えるにしても、「将来○○になりたい」って言うとき、その○○は職業だったりしませんか？　パイロットだったりケーキ屋さんだったり、最近だとユーチューバーであったり。お嫁さんになりたいとかもありますが、結婚さえできれば相手は誰でもいいかと聞かれたら、そうではないと思います。好きな人と結婚したいに決まっています。その好きな人がニートになって家に引き籠ってしまったら、それでもお嫁さんになりたいでしょうか？　「そんな風になるはずがない！」としたら、どんな風になるのでしょう？　「ちゃんと働いていて」という条件が付くのであれば、やっぱり仕事が入ってきます。こうなると、夢と働くことを切り離すのは難しそうです。

人の評価も、ただ褒められるだけで満足できるでしょうか？　例えば絵が好きな人が絵描きとして評価されたら嬉しいと思います。描き続けたくなると思います。でも、仕事にはならないし一銭にもならないというオチがついたら、ずっと絵を描き続けてはいかれません。生前は売れなかった画家や芸術家がどれだけ悲惨な人生を歩んだかを考えると、生きている間にお金になる形で評価されるのは大事なことだし、生活できなきゃ絵どころではありません。絵を描くために生活費を稼ぐ仕事をするか…ってなると、好きでもない仕事をするより、絵描きを仕事にできたらいいのにと思いませんか？　働いて評価をされるのが一番効率がいいと思うんです。

そうはいっても働くのはつらい！　その気持ちもわかります。私もたまに何もかも投げ出して休みたくなります。でも、休んでいる間も生活費がいるし、何もしないでいるのはつらいので、結局何かを始めると思います。そうすると、その何かが働くことに繋がっちゃうんです。就職したり転職したりフリーランスになったりと、あの手この手で働き方を考えるのは、働くことで幸せになりたいからではないでしょうか？

なんのために働くかって難しいけれど、考えることも「頭を働かせる」なんて言いますし、人は生きてるだけで働くようにできているのかもしれません。

おわりに

この度は本書をお手に取って頂き、ありがとうございます。この本を手にして下さったあなたと、作品を応援して下さった皆様、出版社様や書店様に、まずはお礼を言わせてください。

今回の本は、実は当初は「自伝を書いてみないか」とのお誘いから始まりました。以前、ゲーム会社に勤めていたことや、会社員とフリーランスの双方で得た経験が、役に立つ人もいるのではないか？　とのことでした。ただ、自伝を書くのは少し恥ずかしく、自分について詳しく書けば、そこに関わる身近な方たちのプライベートにも触れることになるので、できるだけリアルな経験に触れつつも、登場人物はグレーなまま、お仕事の悩みについて答えていく本になりました。

本を書く中で、色々な時代を思い出しました。就職活動から新人時代、がむしゃらに頑張ってきた16年、住み慣れた街を出ていくような寂しい気持ちを抱えながらも、フリーランスになって、そこからの13年。その中には楽しいことだけでなく、つらいこともあったし、出会いだけでなく、別れも沢山ありました。

これは私がいつも思っていることなのですが、人間っていつだって「今」が一番大変で、一度越えて来た道は楽に感じる気がします。私も仕事について聞かれると、必ず「あの頃は楽だった」と、楽だった部分ばかり思い出すのです。でも、冷静に考えると、フリーになったばかりの頃の方が仕事量も収入もやばかったし、会社員時代も体を壊すほど仕事をしていたのだから、相当にきつかったと思います。それでも、「まぁ、そんなこともあったな」って、今の方が大変だと言えちゃうんです。

だから、今がつらいと感じるときは、「そうだよ！　今が一番大変なんだよ！」と開き直って、頑張っている自分を甘やかしたり、労わってあげてください。今を乗り越えればその先には未来があり、後になって笑える日も来ると思います。

逢うべくして出逢う人がいるように、この本があなたにとって逢うべくして出逢った一冊となれますように。

Jam
（ジャム）

漫画家・イラストレーター・ゲームグラフィックデザイナー。人間関係の悩みを描いたマンガ「パフェねこシリーズ」がTwitterで累計50万以上リツイートされ話題となる。著書にベストセラー『多分そいつ、今ごろパフェとか食ってるよ。』（サンクチュアリ出版）ほか、『にゃんしゃりで心のお片づけ。』（PHP研究所）、『マンガ版 ちょっとだけ・こっそり・素早く「言い返す」技術』（マンガ担当／三笠書房）、『言いにくいことはっきり言うにゃん』（笠間書院）、『まねきねこのうた』（秋田書店）、『続　多分そいつ、今ごろパフェとか食ってるよ。』（サンクチュアリ出版）、『マンガでわかる! 気分よく・スイスイ・いい方向へ「自分を動かす」技術』（マンガ担当／三笠書房）、『まんがでわかる　感情の整理ができる人は、うまくいく』（マンガ担当／PHP研究所）がある。

言いにくいことはっきり言うにゃん
仕事の悩み解決編

2021年 12月25日　初版第1刷発行

マンガ・文　Jam

発行者　池田圭子

発行所　笠間書院

〒101-0064
東京都千代田区神田猿楽町2-2-3
電話03-3295-1331
FAX03-3294-0996

ISBN 978-4-305-70952-3

アートディレクション - 細山田光宣
装幀・デザイン ―― 鎌内文
（細山田デザイン事務所）
本文組版 ―― キャップス
印刷／製本 ―― 大日本印刷

https://kasamashoin.jp